# 체인저블

# 『체인저블』에 쏟아진 찬사

✳

**게이 헨드릭스**Gay Hendricks │ 『나를 사랑하는 방법』 저자

정말 재미있게 읽었다. 안드레스가 삶을 바꾼 이야기는 마치 스릴 넘치는 소설처럼 읽힌다. 시간을 내어 그의 세계를 방문해보라. 당신의 삶 역시 달라질 것이다.

**밥 프록터**Bob Proctor │ 『생각의 시크릿』 공동 저자

생각법이 우리 인생에 어떤 영향을 미치는지 증거를 원하는 사람이라면 이 책을 읽을 필요가 있다. 안드레스는 무일푼의 노숙자였지만, 나중에 억만장자가 된다. 그가 제시하는 열여덟 가지 방법은 모두 탁월하다. 당신도 효과를 볼 수 있으리라고 장담한다.

**데비 앨런**Debbie Allen │ 강연자,
『높은 보수를 받는 전문가The Highly Paid Expert』, 『성공은 쉽다Success is EASY』 저자

경제적 자유를 얻고 삶의 주도권을 잡고 싶다면 반드시 읽어야 할

책이다. 이 책은 자신만의 기적을 창조하고 인생의 방향을 바꾸는 데 도움이 될 만한 황금 열쇠들, 그리고 효과가 입증된 부를 끌어들이는 비법들을 담고 있다.

조셉 슈가맨Joseph Sugarman │ 블루블로커BluBlocker Corporation 의장

이 책을 무심코 손에 든 이후, 어느 순간 책에 푹 빠진 내 모습을 발견했다. 성공과 관련된 책을 많이 읽기도 하고 쓰기도 했지만, 이 책에는 내가 한 번도 본 적 없는 방법이 많이 담겨 있었다. 노숙자가 억만장자로 변신하는 모험은 누구도 쉽게 상상할 수 없다. 이 책의 저자 안드레스는 10대 시절에 알코올 중독자가 되는 등 험한 인생을 살았지만, 나중에는 성공한 CEO이자 자선 사업가가 되었다. 이런 변신은 그가 실패를 디딤돌 삼아 그리고 끊임없이 이어진 학습을 통해서 교훈을 얻었기 때문에 가능했다. 안드레스처럼 기적을 만들고 싶은 사람에게 이 책을 강력하게 추천한다.

제나 가벨리니Jeanna Gabellini │ 『텐 미닛 머니 메이커10 Minute Money Makers』 저자

이 책은 운과 부를 끌어당기고 관계의 주도권을 얻는 데 다른 어떤 책보다 훨씬 실용적이다. 부를 주제로 다루면서도 이렇게 깊이 있는 이야기는 물론, 실제 사례들로 튼튼하게 뒷받침되는 내용을 담은 책을 찾아보기는 어렵다. 그렇기에 이 책에서 제안하는 방법들은 시도

해볼 가치가 충분히 있다. 나는 이 책을 집어 든 다음에는 내려놓을 수 없었다.

리사 윈스턴Lisa Winston │ 『당신의 전환점Your turning Point』 저자,
텔레비전 프로그램 「마인드셋 리셋 쇼The Mindset Reset Show」 공동 진행자

---

이 책은 단순한 이야기가 아니라 어둠의 세상에서 빛의 세상으로 인도하는 강력하고도 믿음직한 로드맵이다. 안드레스가 걸어온 여정을 따라가보자. 그가 한 걸음씩 나아가는 모습을 보며 '나도 할 수 있다'는 희망을 느끼게 될 것이다. 그리고 그가 발휘한 엄청난 용기와 집중력에 많은 영감을 얻을 것이다. 게다가 이 책에는 확실한 효과를 보장하는 튼튼한 성공 비결이 담겨 있다. 변화하려는 마음으로 그가 제시한 법칙을 삶에 적용한다면 당신 역시 어떤 어려움이라도 이겨내고 꿈을 이룰 수 있을 것이다.

•

# 나는 무엇이든 될 수 있다.

찰스 F. 해낼 Charles F. Haanel

•

빈털터리 청년 백수에서 700억대 억만장자가 되기까지

# 체인저블

## CHANGEABLE

잭 캔필드 · 조 비테일 서문

안드레스 피라 지음

이경식 옮김

월북

# 차례

✳

## 제1장 ✳ 부자는 만들어지는 것이다

## 제2장 ✳ 부를 창출하는 원리를 이해하라

## 제5장 ✳ 끌어당긴 부를 유지하는 방법

✳

# 오늘과 다른 내일을
# 만들고 싶다면

---

잭 캔필드Jack Canfield

『영혼을 위한 닭고기 수프 1』, 『영혼을 위한 닭고기 수프 2』 공동 저자

16년이 넘도록 안드레스의 멘토 역할을 하며 무척 즐거웠다. 그런데 재미있는 사실은, 나는 내가 그의 멘토라고는 전혀 생각지 않았다는 점이다. 안드레스는 나를 만나기 전부터 이미 여러 해 동안 내가 쓴 책을 연구하면서 거기에서 제시한 교훈을 실천하고 있었다. 마침내 우리가 만났을 때, 안드레스는 이미 성공한 사람이었다.

나는 그동안 '부의 법칙'을 배우고 싶어 하는 전 세계 몇백만 명과 함께 일을 해보았지만, 안드레스는 달랐다. 그는 자신의 뚜렷한 목적을 이루는 과정에서 내가 제시하는 방법이 올바르다는 증거를 요

구했다.

자수성가의 아이콘이자 내 훌륭한 친구이기도 한 윌리엄 클레멘트 스톤W. Clement Stone 성공한 사업가이면서 자기 계발서 저자. 무일푼에서 시작하여 자수성가한 인물의 대명사다 • 옮긴이은 "목적을 가지는 것이야말로 모든 성취의 출발점이다"라고 했다. 이보다 더 정확한 말은 없으리라. 목적이 없는 사람은 어디로 가야 할지 모른다. 방향 감각이 없는 사람은 당연히 길을 잃는다. 안드레스처럼 젊은 사람이 그 진리를 정확하게 이해한다는 사실에 깜짝 놀랐다.

유명한 저술가이자 라디오 방송 진행자인 얼 나이팅게일은 지향점이 명확하고 목적의식이 분명한 사람이 키를 잡은 배는 항구를 떠나 목적지에 다다를 확률이 99퍼센트라고 했다. 목적의식이 분명한 키잡이가 없다면 배는 출발 지점인 항구조차 제대로 벗어나지 못한다. 안드레스는 이 점을 본능적으로 알았다. 심지어 가장 어려운 고난의 시기에도 그랬다. 나는 평생 남에게 가르침을 주는 사람으로 살아왔기에 안드레스의 이야기에 깊은 흥미를 느꼈다.

여러 해 전에 사람들의 머리와 가슴을 활짝 열어주고 싶다는 생각으로, 변혁적 리더십 분야미국 정치학자이자 역사학자인 제임스 M. 번스가 1978년 처음 사용한 개념. 조직 구성원과 합의한 공동 목표를 추진하며, 주어진 목적의 중요성과 의미에 대한 인식 수준을 끌어올려 구성원이 개인적 이익을 넘어 자신과 집단, 전체의 이익을 위해 일하도록 만들고 기대 이상의 성과를 얻어내는 리더십을 말한다 • 옮긴이에서 뛰어난 지도자, 교육자, 저자, 영화 제작자들과 함께 리더십

변혁 위원회Transformational Leadership Council를 시작했다. 우리는 함께 변혁의 길에 들어서고자 하는 학생들을 찾았다. 세상에는 우리를 필요로 하는 학생이 많았고, 그 사실에 마음 깊이 감사했다. 그 과정에서 안드레스를 만났고, 이제 안드레스는 자신의 삶을 송두리째 바꾼 놀라운 과정을 책으로 공개하려 한다. 이 책에 추천사를 쓰는 내 기분이 어떨지는 독자의 상상에 맡기겠다.

안드레스는 오랜 시간 키잡이가 없는 배처럼 떠돌면서 하루하루를 보냈다. 그러나 마침내 자기 목적과 열망을 발견했다. 그는 론다 번의 『시크릿』 같은 책들을 읽으면서 배운 모든 것을 실제 삶에 적용했으며, 온갖 오르막길과 내리막길을 걸으며 목적과 열망을 달성하려고 차근차근 노력했다. 한때 스웨덴 뒷골목을 전전하던 그가 태국 남부에서 가장 존경받는 부동산 개발업자가 되리라고, 또 사람들 대부분은 진로도 정하지 못하는 젊은 나이에 억만장자가 되리라고 상상이나 할 수 있었겠는가? 본인 역시 예측이나 할 수 있었을까?

이 책의 원고를 처음 읽으면서 변화를 꿈꾸기보다 포기하는 데 익숙한 젊은이들이 떠올랐다. 자신의 재능, 출신, 환경 등 타고난 한계에 부딪혀 삶을 바꿀 수 없을 거라고 생각하는 이들 말이다. 어쩌면 그들은 이미 변화를 시도해봤지만, 실패했을지도 모른다. 그렇지만 안드레스의 이야기를 읽으면, 아마도 자기도 모르게 이렇게 말할 것이다.

"이건 이미 알고 있는 내용이야. 그런데 안드레스가 한 방식대로 적용해볼 생각은 한 번도 하지 않았어."

이 책에는 현실에서 펼쳐지는 온갖 시나리오 속에 녹아든 가장 강력한 성공 원칙들이 실려 있다. 사업에 관한 한 안드레스는 논리를 거부한다. 기업은 대부분 수입과 지출의 회계 현황에 초점을 맞춘다. 그래서 비용을 줄이기 위해 직원의 급여를 최소한으로 낮추고, 복지를 줄이려 애쓴다. 그러나 안드레스는 직원에게 더 많은 급여를 줘야 한다고 믿는다. 많은 고용주가 직원을 일꾼으로만 생각하지만, 안드레스는 다르다. 그는 직원을 공동체의 일원으로 바라보며, 직원 각자가 개인의 삶을 개선할 수 있도록 돕는다. 그 개선 과정에서 사고를 바꿈으로써 얻을 수 있는 힘을 이용하는 게 얼마나 중요한지 가르쳐준다. 또한 자신이 발견한 부의 원리를 직원들에게 전수하며 각자 성공의 원동력을 지니도록 도와준다.

안드레스는 돈을 버는 방법과 운, 사람을 끌어당기는 방법을 잘 알고 있다. 그를 처음 만났을 때 조 비테일Joe Vitale과 밥 프록터자기 계발 분야의 유명 인사. 연설가, 작가, 컨설턴트, 멘토로서 세계 여러 곳의 단체와 개인들을 대상으로 일한다•옮긴이도 함께였는데, 우리는 그가 이미 많은 것을 배웠으며 더 많은 지혜에 목말라 있음을 금방 알아보았다.

지금 당신이 손에 든 이 책에는 안드레스가 어떻게 살아왔는지를 담은 매혹적인 이야기뿐 아니라, 희망을 갖기보다는 절망하기 훨씬 더 쉬운 지금 이 시기에 더욱 유용하게 적용할 만한 성공의 비법이 실려 있다. 남에게 베푸는 것이 가져다주는 효과, 목표 설정의 힘,

더 크게 생각하는 방법, 다른 이들에게 동기를 부여함으로써 수익을 불려나가는 방법, 감정을 통제하고 부정적인 생각을 제거하는 방법 등을 다룬다. 거칠지만 솔직한 이야기가 매력적이며, 온갖 사업 성공 방법을 비롯하여 두려움을 이겨낸 경험담을 생생하게 들려준다. 또한 안드레스가 자기 계발 분야의 여러 스승에게서 배운 모든 것들을 어떻게 활용했는지 구체적으로 이야기한다. 그렇기 때문에 이 책 『체인저블』은 다른 어떤 책과도 구별되는 경영 서적인 동시에 독자 스스로 자신의 삶을 돌이켜보도록 만드는 개인적인 회고록이기도 하다.

『영혼을 위한 닭고기 수프』 시리즈를 쓸 때는 백만 명이나 되는 독자가 내 책을 읽으리라고 상상도 못 했다. 하지만 안드레스라면 백만 명이 자신의 책을 읽더라도 전혀 놀라지 않을 것이다. 성공을 예측하는 방법을 이미 배워서 알기 때문이다. 안드레스는 성공의 문을 두드리고, 꿈이 이루어지리라고 믿으며, 또 성공이 실현되는 모습을 볼 것이다. 바로 이것이 바닷가에서 노숙하던 그가 오래지 않아 억만장자로 거듭난 방식이다.

안드레스는 나에게 교사가 자기 일을 제대로 하면 필연적으로 학생이 된다는 사실을 가르쳐주었다. 그런 그에게 진심 어린 감사의 말을 하고 싶다.

•

위험을 무릅쓸 용기가 없는 사람은
인생에서 아무것도 성취하지 못한다.

무하마드 알리Muhammad Ali

•

# 누구나 자신만의 신화를
# 이룰 수 있다

조 비테일

『미라클!』, 『미라클! 코칭』 저자

"당신은 당신이 상상하고 믿는 모든 것을 이룰 수 있다"라는 명언이 있다. 이 말은 부자가 되는 비밀에도 적용될까? 마음의 힘만으로, 즉 생각을 바꾸는 것만으로 자기 삶을 정말로 변화시킬 수 있을까? 그렇게만 하면 성공할 기회가 올까?

성공 원리를 다룬 『유인력 끌어당김의 법칙』, 『시크릿』, 『생각하라! 그러면 부자가 되리라』 등의 책이 정말로 저자 의도대로 모든 사람의 삶을 변화시킬 수 있을까? 한마디로 대답하면, 확실하게 그렇다. 어떻게 그렇게 확신하느냐고 묻는다면, 이 책이 바로 그 증거라고 답할 수 있다. 이 책에는 낯선 땅에서 노숙자로 궁핍한 인생을 살던 사람이 오로지 자기 힘으로 억만장자가 된 이야기가 실려 있다. 백만장자도 아니고, 무려 억만장자다.

2017년, 파리에서 안드레스를 처음 만났다. 그때 나는 그의 이야기에 감동하여 태국에서 그가 처음 진행하는 라이브 세미나에 강연자로 나서면서 인연을 맺었다. 태국 해변을 전전하던 스무 살의 노숙자, 굶어서 허기지고 절망하고 자기 처지에 화가 나 있던 안드레스는 자기 인생에서 가장 밑바닥이던 그곳에서 구원의 길을 발견하리라고는 전혀 생각지 못했다. 그러던 어느 날, 누군가가 건넨 론다 번의 『시크릿』이 그의 인생을 바꿔놓았다. 운명이란 언제나 갑작스럽게 찾아오는 법이다.

물론 그의 성공은 하룻밤 사이에 이루어지지 않았다. 그러나 지금 안드레스는 열아홉 개 회사를 운영하며, 고용한 직원도 200명이 넘는다. 태국 남부에서 가장 유명하고 규모가 큰 부동산 개발업자이기도 하다. 그는 『시크릿』에서 배운 교훈을 여전히 현실에 적용하면서 한결 더 뚜렷하고 의미 있는 결과를 거두는 중이다. 게다가 그의 성공은 끝이 난 게 아니다. 이제 막 시작했을 뿐이다.

다른 게스트들과 함께 라이브 행사에 참여했을 때, 나는 그를 연단으로 불러냈다. 힘겹게 살아남아 성공을 거둔 인생 이야기를 사람들에게 들려주라고 설득했고, 그렇게 해서 그는 생애 처음으로 강연을 했다.

그는 열여덟 가지 방법을 사용해서 성공을 거두었다. 나는 그 방법을 꼭 글로 정리해두라고 권했다. 그 이야기를 책으로 내고 싶다면 기꺼이 돕겠다고 했고, 그는 그러자고 했다. 당신이 지금 손에 들고 읽는 책은 그렇게 세상에 나왔다.

안드레스와 그보다 나이가 두 배나 많은 나 사이에는 공통점이 많다. 나 역시 한때는 노숙자였고, 10년이 넘는 세월 동안 가난에서 벗어나려고 발버둥을 쳤다. 그야말로 아무것도 없던 상태에서 무언가를 일궈냈다. 책도 펴냈다. 심지어 영화에도 출연했는데, 이 일이 계기가 되어 이 짧은 글에는 다 쓸 수도 없을 정도로 많은 것들을 성취했다.

하지만 이런 나조차도 안드레스에게 배울 점이 매우 많음을 깨달았다. 그는 해변 모래사장을 전전하던 외롭고 배고픈 노숙자로 시작해, 믿을 수 없을 정도로 화려한 비치 리조트를 짓는 세계적인 부동산 개발업자가 되었다. 그가 발견한 것들이 정확하게 무엇인지 알고 싶었다. 독자도 무척 궁금하리라.

안드레스는 모든 사람에게 영감을 준다. 나는 그가 독자에게 하지 않을 이야기를 하려 한다. 사랑과 감사에 대한 교훈이며, 또한 당신이 부자가 되기 위해 열심히 노력해야 하는 이유를 설명해주는 이야기이기도 하다.

2018년 초, 안드레스의 어머니는 자기가 위급한 병에 걸렸음을 알았다. 그는 아들을 위해서 자기 인생 전부를 희생했었다. 어머니

　　　　　　　　　　　　　　　　　　　　　　　체인저블

는 안드레스가 실패의 길을 걸어가도록 허용함으로써 망가진 그의 영혼을 자유롭게 해준 사람이기도 하다. 안드레스는 어머니가 얼마 살지 못한다는 사실을 알고는 어머니 곁을 지키려고 노력했다. 스웨덴에 있던 어머니를 방콕으로 모시고 와 최고의 의료진을 초빙했으며, 또 어머니가 사랑하던 사람들도 한자리에 불러 모았다.

의사는 어머니에게 시한부 생명을 선고했다. 남은 시간은 얼마 되지 않았다. 어머니는 아들에게 마지막 소원 두 가지를 말했다. 가족이 함께 있으면 좋겠다는 바람과 오랜 세월 삶의 터전이었던 스웨덴에서 마지막 숨을 거두고 싶다는 소망이었다.

안드레스는 곧바로 여기저기 전화를 걸었다. 제트기를 임대했으며, 어머니가 스웨덴까지 가는 동안 안전하게 보살펴줄 의료진을 찾았고, 또 스웨덴에 머물면서 계속 치료와 병간호를 해줄 사람들도 고용했다. 그는 어머니의 마지막 소원을 위해서 비용을 아끼지 않았다. 이렇게 온 가족이 함께 4주를 보냈다. 그런 다음에 마지막 순간이 다가오자 어머니를 스웨덴으로 모셔 갔고, 어머니는 그곳에서 숨을 거두었다.

그가 살아온 이야기를 모두 듣고 나면, 어머니를 위해서 한 일들이 왜 그에게 그토록 중요했는지 알게 되리라. 그가 어머니에게 한 모든 것은 결국 어머니가 자기 인생에 끼친 커다란 영향에 바치는 존경심의 표현이었다. 그가 어머니를 위해서 한 일은 물론 그가 부유했기 때문에 가능했다. 독자도 안드레스처럼 경제적 자립은 물론 사랑하는 이에게 마음껏 표현할 수 있는 자유를 누리길 바란다.

　마지막으로 덧붙이자면, 다음 말을 가슴에 꼭 새기고 읽어나가길 바란다.

　"기적이 일어날 것이라고 기대하라."

　내가 진심으로 믿으며 당신에게도 꼭 하고 싶은 말이다.

피를 끓게 만드는 일이면
아마도 충분히 할 가치가 있을 것이다.

헌터 S. 톰슨 Hunter S. Thompson

# 무일푼 노숙자는
# 어떻게
# 억만장자가 되었나

어쩌면 당신은 내가 설명하려고 하는, 부를 이루는 여러 방법에 대해 이미 들어서 알지도 모른다. 그래서 아마도 그 방법들을 소개하는 내용을 읽으면서 "이건 나도 아는데……"라고 혼잣말을 할지도 모른다. 아니면 이런 내용을 한 번도 읽거나 들은 적이 없을지도 모른다. 그래서 그저 상식 정도로만 치부하면서 가볍게 흘려들을 수도 있다. 이런 두 가지 반응 모두 괜찮다. 사실 나도 지식을 익히는 것만으로는 인생에서 원하는 바를 얻을 수 없음을 어렵게 깨달았다. 인생에서 바라는 바를 이루어주는 것은 지식 그 자체가 아니라 행동으로 실행하는 지혜다.

당신은 이제 내가 알려주는 열여덟 가지 법칙을 실천으로 정확하게 옮기는 방법과 자기 잠재력을 온전하게 발휘해서 당신이 바라는 성취를 실현하는 방법을 배울 것이다.

우리는 모두 저마다 어딘가의 출신이다. 당신은 무언가를 해보고 싶어도 여건이 되지 않아 쟁취하기보다는 포기하는 삶이 익숙할 수도 있고, 돈도, 연줄도, 스펙도 없어 삶이 나아지리라는 희망조차 없을지도 모른다. 앞으로 알게 되겠지만, 나 역시 부모님의 이혼으로 학창 시절 내내 방황했고, 학업도 제대로 마치지 못한 채 노숙자 생활을 하며 스스로 구제불능이라 여기곤 했다. 그렇다. 나 역시 처음부터 억만장자로 인생을 시작하지 않았다.

부를 쌓는 이 방식들을 완전히 익히기까지는 만만치 않은 세월이 필요했다. 나는 인생의 밑바닥 시절 어느 시점에 책 한 권을 읽고 지식의 힘이 얼마나 큰지 깨달았다. 그 후로도 책을 읽으며 습득한 지식을 연구하고 실천함으로써, 그저 살아남기 위해 행했던 생활 방식을 풍성함과 가능성의 생활 방식으로 바꾸었다. 내가 경험한 결과는 그야말로 놀라웠다. 당시에는 그저 경외감에 사로잡혔을 뿐이지만, 지금은 그 모든 사실에 감사한다.

어쩌면 당신은 내가 소개하는 부를 끌어당기는 법칙과 그 실현 과정을 의심의 눈으로 바라볼 수도 있다. 특히 사업의 영역이라면 더욱더 그렇다. 전 세계 몇백만 독자가 이미 동기 부여를 주제로 한 이런저런 책들을 읽었지만, 모두 다 자기가 원하던 결과를 얻지는 못했을 테니 말이다. 하지만 성공과 실패를 가르는 요인은 따로 있다. 바로 내가 소개하는 '체인저블'이라는 열여덟 가지 법칙이다.

당신이 지금 읽으려 하는 건 단순한 경영이나 동기 부여 책이 아니다. 나의 삶 전체를 통틀어 연구하고 직접 경험한 것들을 담은 보물창고다. 이 책 『체인저블』에는 한 사람의 인생 여정이자 그 과정에서 추출한 최고의 가치들이 묶여 있다. 당신 또한 여기서 얻은 지혜를 사업과 인생에 도입하면 바라던 결과를 얻어낼 수 있다고 자신한다. 꿈 같은 이야기라 비난해도 괜찮다. 다만 꼭 실천해보기를 바랄 뿐이다.

이 책에는 내가 멘토들에게서 배운 가르침이 농축되어 있다. 대부분은 오래전부터 내려온 가르침이며 심리학, 뇌과학 등의 학문적 연구 결과를 배경으로 한다. 그 밖의 법칙들은 나 자신이 여러 해 동안 회사를 창업하고 키우면서 직접 발견했다. 나는 배움을 위해서는 부끄러워하거나 망설이거나 주저하지 않으려 노력해왔다. 그 결과 몸으로 얻은 성공의 공식이 생겨났고, 지금도 실천 중이다.

내가 열여덟 가지로 압축한 법칙 각각은 기회를 창출하고 재산을 끌어당기기 위해 만든 것들이다. 처음에는 어색하게 느껴질 수도 있으리라. 하지만 믿음과 의지를 가지고 끈기 있게 마지막까지 함께하길 바란다.

누구나 현실에 적용할 수 있도록 되도록 쉽게 쓰려고 했다. 아마 하나씩 실천하다 보면 그리 힘든 과정은 아님을 알게 될 것이다. 열여덟 가지 법칙을 굳이 한꺼번에 행동으로 옮기려다가 제풀에 지쳐 쓰러지는 일은 없도록 하자. 책을 읽어나가는 동안, 당장 실천할 수 있는 방법이 무엇이고, 오랜 시간 뜸을 들이면서 숙성시켜야 할 방법이 무엇인지 분명하게 드러나리라. 각각의 방법은 자기만의 독특한 가치를 지녔다. 또한 이는 각기 다른 방식으로 사람들에게 영향을 줄 것이다. 조금은 치열하게 자기 것으로 만들어가길 바란다.

나는 이 책에서 소개하는 원칙들을 실천하면서 살아온, 전 세계의 성공한 사람들을 오래도록 지켜보았다. 이제는 당신 차례다. 언제가 되어도 좋다. 일단 당신만의 여행을 시작하길 기원한다.

# 제1장

# 부자는
# 만들어지는
# 것이다

✴
✴

## CHANGE 1

# 목적 없는 삶은
# 변화도 없다

어릴 때부터 나는 부모님이 자랑스럽게 '내 아들'이라고 내세울 만한 인물은 결코 되지 못할 거라고 확신했다. 하지만 이런 잘못된 생각은 하마터면 나를 열여덟 살 생일을 맞기도 전에 죽음으로 몰아넣을 뻔했다. 그리고 이 마음가짐은 그 후로도 내 인생을 절망으로 이끌었다.

나는 콜롬비아의 작은 섬에서 태어났다. 카리브해에 있는 산 안드레스San Andres라는 섬이었다. 내 이름 '안드레스'도 이 섬에서 딴 것이다. 아버지는 어린 나이에 고향 스웨덴을 떠나 아름다운 푸른 바다에 둘러싸인 이 섬에서 음식점을 열었다. 아버지와 어머니는 바로 이곳에서 만났다. 당시에는 섬의 치안이 그리 좋지 않아 아버지는 어디를 가든 늘 권총을 휴대해야 했다. 부모님은 자식들이 스웨덴에서 교육을 받았으면 하는 마음에 온갖 고생을 마다하지 않았다. 사는 곳이 안전하지 않다는 사실과 자식들에게 좀 더 나은 교육을 받게 해주고 싶다는 바람, 이 두 가지 이유로 부모님은 스웨덴에 돌아가기 위해 엄청난 희생을 감수했다. 어머니는 나를 임신했을 때는 물론, 여동생을 가졌을 때도 고된 일을 해야 했다.

내가 세 살 때 우리 가족은 스웨덴으로 이사했으며, 그로부터 4년이 지난 후 부모님은 이혼했다. 두 분은 단 한 번도 이유를 알려주지 않았지만, 나는 부모님이 이혼할 당시에 유리잔이며 그릇, 그 밖의 장식물들이 깨지는 날카롭고도 요란한 소리를 듣지 않으려고 내 방에서 귀를 막은 채 울곤 했던 일을 기억한다. 나는 매일 밤 제발 그 소리가 들리지 않게 해달라고 기도했다. 하지만 그때 이미 두 분 사이가 예전처럼 다시 좋아지지 않으리란 사실을 알았다. 복잡했던 어린 시절을 되돌아보면 이처럼 단편적인 기억들만 떠오를 뿐, 자세한 것은 생각나지 않는다.

아버지는 엄격한 분이라, 나는 언제나 학교를 마치고 집으로 돌아온 즉시 숙제를 해야만 했다. 그리고 매일 저녁 공책 검사를 받았다. 문제 하나라도 틀리면 다시 방으로 들어가야 했고, 그날의 숙제 범위를 완전히 익힐 때까지는 방에서 나올 수 없었다. 아버지의 냉

혹한 훈육에 화가 났던 밤들이 그렇게 이어졌다. 그러나 나중에 내 인생에서 사용할 소중한 기술들은 그때 익혔다. 지식을 습득하는 방면에서라면, 나는 무엇에든 전념할 줄 알고 또 규율을 중요하게 여긴다. 이런 태도는 모두 아버지의 가르침 덕분이다. 또한 어머니의 가르침 역시 학교에서는 배울 수 없는 것이었다. 어머니는 내가 집을 떠날 때에야 가르침을 주셨다. 그리고 이는 장차 내 인생의 모습을 결정하게 된다.

부모님은 이혼했지만, 서로 가까이에 살았다. 나는 두 분을 정기적으로 보았는데, 어쩌다가 한 분과 사이가 틀어지면 다른 분 집에서 지내곤 했다. 수없이 많은 밤을 어머니의 집과 아버지의 집 사이 어딘가에서 보내면서, 과연 나는 어디에 속하는 존재인지 알아내려고 애썼다.

당시 나는 내 일상을 스스로 전혀 통제할 수 없다는 생각에 압도되곤 했다. 그저 두 분 집 사이를 헤매며 인생을 실패의 지름길로 이끄는 행동을 하는 데 점점 몰두했다. 다시 말해, 뚜렷한 계획 없이 그저 흘러가는 대로 살았다.

당시 내게는 '거친 아이'라는 일컬음이 '명석한 아이'라는 평판보다 더 중요했다. 선생님이 문제를 내면 답을 알면서도 손을 들지 않았다. 내가 만들어낸 일종의 캐릭터였다. 몇 차례나 학교에서 나쁜 행동으로 지적당하고 벌을 받았다. 학교 통풍관에 썩은 생선을 몰래 넣어두어 혼이 나기도 했는데, 학교가 사흘 동안 문을 닫아야 했을 정도로 악취가 났다.

유명한 독일 철학자 아르투어 쇼펜하우어는 "인간의 행복에는 적이 둘 있는데, 고통과 지루함이다"라고 했다. 지루함에 관해서는 확실히 그의 말이 맞았다. 충동에 이끌리는 데 익숙했던 나에게 지루함은 두말할 나위 없는 적이었다. 지루함은 내가 올바른 결정을 내리는 걸 가로막았다.

그때는 왜, 나 자신을 해칠 수도 있는 짓들에 초점을 맞추고 살았을까? 왜 나 자신을 파괴하고 싶어서 그렇게나 안달이 나 있었을까? 대답은 간단하다. 아무런 중심이 없이 살았기 때문이다. 내가 할 수 있는 선택과 거기에 따른 결과를 연결하지 못한 채, 그저 터벅터벅 인생길을 걸었을 뿐이다.

결국 열다섯 살이 되던 해 학교를 자퇴하고 정신없이 놀기만 했다. 추구하는 목표는 없고 좋은 일이든 나쁜 일이든 시끌벅적한 일이 일어나기만을 바란다면, 언제라도 요란한 일들이 찾아오게 마련이다. 그때는 그야말로 '진탕 놀기'의 연속이었다.

또래 아이들은 대부분 학교에 다녔지만, 나는 스톡홀름 거리에서 거의 날마다 술에 취해 있었다. 어느 순간에 이르니 술에 취한 흐릿한 정신으로도 하루를 용케 잘 버텨내는 기술을 터득하기까지 했다.

거리의 불량배 패거리에 함께 속해 있던 친구들도 나와 같은 생각이었고, 그들과 함께 있어서 길거리에서 어슬렁거리기가 한결 쉬

　　　　　　　　　　　　　　　　　　　　체인저블

웠다. 그렇게 몰려다니던 친구들은 자기들끼리 싸우기도 했고 다른 패거리와 싸우기도 했다. 스톡홀름 뒷골목에는 규칙이 하나 있었다. 약한 모습이나 두려움은 절대 보이지 말라는 것이었다. 나는 쏟아지는 주먹질과 발길질을 겪으며 아무리 아파도 절대로 고통을 밖으로 드러내지 않았다. 그렇게 뒷골목 규범을 익혔다.

그런 생활에 익숙해지다 보면 모든 감각이 무뎌진다. 10대 시절을 떠올리면 나는 오로지 세 가지만이 기억난다. 사람들을 피하는 것, 술을 마시는 것, 그리고 합리화하는 것이다. 앞에서도 말했듯이, 나는 부모님이 자랑스러워할 만한 어떤 일을 해낼 자신이 없었다. 그래서 특별한 목표도 없이 그냥 되는대로 살았다. 이미 패배자가 되어버린 듯했다. '굳이 무언가를 성취하려고 애쓸 필요가 뭐 있어?'라고 생각했다.

당시 나는 10대임에도 불구하고 알코올 중독자가 되었다. 그대로 가다간 실수 한두 번이면 감옥에서 평생 썩을 수도 있었고, 일찍 감치 관에 드러누울 수도 있었다. 체포당하는 데도 익숙했고, 싸움을 걸거나 제멋대로 구는 데도, 아무런 이유도 없이 말썽을 일으키는 데도 익숙했다. 열여덟 살 때 '과연 내가 열아홉 번째 생일을 맞을 수 있을까?'라는 생각도 했다. 이후 나이를 더 먹으면서 신체적으로 강해진 만큼 분노도 더 거세졌다. 점점 더 자주, 더 격렬하게 길거리나 술집에서 싸움을 벌였다.

내 인생의 첫 번째 전환점은 어느 버려진 건물의 계단에서 잠에서 깨어나던 순간에 찾아왔다. 머리는 멍하니 무겁기만 했고 옷에는 땟국물이 줄줄 흘렀다. 그곳이 어디인지, 내가 어떻게 거기까지 가서 잠들었는지 도무지 알 수 없었다. 그때 큰 소리로 중얼거렸다.

"내가 지금 죽은 건가? 내가 죽었나?"

그 상태로 그곳에서 하루를 꼬박 보냈다. 머리와 몸이 분리된 것 같았다. 깨진 유리 조각 위에 누운 상태로 잠이 깼으며, 그곳은 죽은 자들이 지나가는 계단이라는 생각이 들었다. 그 생각은 아무리 떨쳐버리려고 해도 떨어지지 않고 끈덕지게 눌어붙었다.

집으로 돌아갔는데, 어머니의 표정을 도무지 읽을 수 없었다. 한 마디도 하지 않는 어머니의 얼굴에 서린 상처와 걱정, 실망과 절망 그리고 분노가 내 온몸을 타고 전해졌다. 그 느낌은 그때까지 경험한 어떤 주먹질이나 발길질보다 더 아팠다.

내가 집에 돌아왔다는 말을 들은 아버지는 어머니와 만나 '안드레스를 어떻게 할 것인지'를 두고 다투기 시작했다. 나는 곧바로 어린 시절로 돌아갔다. 혼자 방에 웅크리고 앉아 귀를 막았고, 눈에서는 눈물이 하염없이 흘러내렸다.

당시 나는 갈림길에 서 있었다. 나에게 무슨 일이 생기기라도 하면 어머니가 당신 책임이라고 여길지 모른다는 생각이 들었고, 그 생각은 두려움으로 바뀌었다. 어머니가 아들이 망나니짓을 하고 돌아다니도록 내버려두었으며 내가 죽고 나면 스스로 아들을 죽음의 구렁텅이로 몰아넣었다고 믿으며 괴로움에 몸부림칠까 봐 걱정됐다. 하지만 아버지가 정한 규칙에 따라 살고 싶지는 않았다.

무엇보다 이제 더는 두 사람이 소리를 높여 싸우는 모습을 보고 싶지 않았다. 나 자신을 스스로 책임져야 했다. 뭐라도 해야만 했다. 그래서 난생처음 일자리를 구하겠다고 결심했다. 인생의 막다른 길에서 내린 이 결정은 그야말로 기념비적이었다. 적어도 나에게는 그렇게 느껴졌다.

내 첫 일자리는 텔레마케팅 사무실에서 선납 심SIM 카드를 파는 일이었다. 입사한 지 얼마 지나지 않아 하루에 여덟 시간 동안 200, 300번 통화를 해야 하는 그 일이 지긋지긋해졌다. 여전히 깜깜한 어둠 속이었다. 내 마음이 그 정도로 암울했다는 비유적인 표현이긴 하지만, 근무 시간이 정오부터 저녁 아홉 시까지였으니 전적으로 비유적인 표현은 아니었다. 일을 마치고 퇴근하면 바깥은 이미 어둡고 추웠다. 일과 관련된 모든 것이 다 싫었다. 일을 시작한 뒤로 주말에만 술을 마시면서 놀겠다고 다짐한 터라, 주중에는 사람들을 최소한으로만 만났다. 출근해서 일해야 하니까, 다시 말하면 파티도 안 되고 술도 안 되고 싸움도 안 되니까, 스톡홀름 뒷골목을 함께 쓸고 다니던 깡패 친구들을 멀리해야 했다. 당시 나는 외톨이였다. 일하는 시간을 제외하고는 사회적인 관계라고는 아무것도 없었다. 일을 마치고 집에 갈 때마다 혼자라는 생각에 무척이나 외로웠다.

책임감을 유지해야 하는 새로운 생활 방식 때문에 우울증에 빠졌다. 삶을 바꾸는 게 가능할 것이라고는 한 번도 생각해보지 못한 상태였다. 아무런 동기도, 의욕도 없었다. 그래서 나를 우울하게 만드는 그 일을 그저 계속 붙잡고만 있었다. 마음먹은 인생의 경로에서 벗어나지 않으려면 옛 친구들을 멀리해야 했고, 파티를 벌이며 진탕 퍼마시지도 말아야 했다. 나는 철저히 혼자였고 고립되었다.

그런 상황 때문에 내 마음은 적개심, 좌절, 자기 연민, 분노로 들끓었다. 일하러 가기 싫었고, 회사를 빼먹을 구실은 얼마든지 찾을 수 있었다. 그러다 결국 해고되었다. 나는 나를 해고한 회사를, 관리자들을, 나와 통화한 고객들을 욕했다. 모든 상황이 내 탓은 아니라고 되뇌었다. 책임지고 싶지 않을 때 누구나 하는 말, 바로 그 말을 나 자신에게 했다. 교육을 받지 못하면 결코 좋은 일자리를 가질 수 없다고 믿었기에, 앞으로의 내 인생은 사방이 꽉 막혔다는 느낌이 들었다.

의사는 내게 우울증을 떨쳐내기 위한 세 가지 약을 처방했다. 지긋지긋한 나날에서 벗어나고 싶은 간절한 마음에 약을 먹었다. 그런데 상태가 좋아지기는커녕 더 나빠졌다. 외부 세상과는 완전히 단절되었다. 가끔씩 누군가가 나를 만나러 집으로 찾아온다는 생각에 사로잡혀 현관 앞에 서서 '누군가'를 몇 시간씩 기다리곤 했다. 내 정신은 완전히 무너져 내린 상태였다.

그러던 어느 날, 깜깜한 어둠 속 절망의 가장 깊은 구렁텅이에서 어떤 목소리가 들려왔다.

"이보다 더 나아질 수 있을 텐데……."

체인저블

목소리는 점점 더 끈질기게 달라붙어 무언가를 말하려 했다. 그런데 나는 들을 준비가 되어 있지 않았다. '이보다 더 나아질 수 있을 텐데……'라는 내면의 소리를 듣긴 했지만, 그 말만으로는 무엇을 어떻게 해야 할지 알 수 없었다. 이런 일이 반복되자 마침내 그 목소리는 전술을 바꾸었다.

그해에 할아버지가 세상을 떠나셨다. 아무런 예고도 없이 갑자기 일어난 일이었다. 벽돌로 뒤통수를 세게 얻어맞은 듯 충격을 받았다. 할아버지의 죽음을 겪으며 머릿속에 또렷하게 떠오른 생각이 있었다.

'여기에서 벗어나지 않는 한, 이보다 더 나아질 일은 결코 없을 것이다.'

살아날 가능성을 조금이라도 붙잡고 싶다면, 모든 것을 뒤로하고 떠나야 했다. 흔적도 없이 사라져서 내가 인생에서 진정으로 원하는 것을 찾아야 한다는 사실을 마음 깊은 곳에서 느꼈다. 세상을 새롭게 바라보려면 익숙한 모든 것과 거리를 두어야 했다.

두 달 뒤, 세상은 다시 문을 두드리며 나를 불러냈다. 할아버지가 두 동생과 나에게 각각 2000달러를 남기셨음을 뒤늦게 알았다. 아버지는 수표를 건네면서, 나중에 학교에 다닐 수도 있고 또 먼 훗날에 다른 용도로 쓸 수도 있으니 저금을 하라고 특별히 당부하셨다. 하지만 나는 2000달러를 손에 쥐자 갑자기 영감이 떠올랐다.

'이 돈으로 비행기를 타고 멀리 다른 곳으로 가자! 그렇게 하면

억지로라도 모든 걸 새로 시작할 수 있으리라!'

편도 항공권이 나를 어디까지 데려다줄 수 있을지, 거기 가서 무엇을 할지, 아는 사람이라곤 하나도 없는 곳에서 과연 살아남을 수나 있을지, 아무것도 몰랐다. 망설임이 없었던 건 아니지만, 나는 망설임을 사정없이 밀쳐버렸다. 목소리는 이제 이렇게 말했다.

"'어떻게'에 대해서는 아무 걱정 하지 마라."


## 목표 설정의 여섯 가지 기술

돈을 끌어당기는 첫 번째 원리는 무엇일까? 바로 인생에서 자기가 무엇을 원하는지 정확하게 아는 것이다. 성취하고 싶은 특정한 목표를 설정하고, 그 목표가 자신의 인생에서 어떤 의미를 가지는지, 또 얼마나 중요한지 스스로 명확하게 알아야 한다. 목표를 마음 한가운데 두고 새로운 기회가 올 때마다 목표를 향해 움직이는 것이 성공의 열쇠다.

그렇다면 항공권을 샀을 때 나는 이런 사실을 잘 알았던가? 전혀 아니었다. 의식하지 못하는 사이에 이 원칙을 실행했다니 감사할 뿐이다. 나는 그저 하고 싶고, 되고 싶고, 가지고 싶은 것에 정확하게 초점을 맞추어야 한다는 사실을 이해하고 있었을 뿐이다.

삶을 바꾸기로 마음먹은 이후 나는 잭 캔필드, 조 비테일, 브라이언 트레이시, 나폴레온 힐 등 성공의 대가들이 쓴 책을 읽고, 그들이 마련한 세미나에 참석하기도 했다. 그러면서 성공한 지도자들과 부자들 사이에 특정한 공통점이 있음을 깨달았다. 그들은 자기 목표를 구체적으로 설정하고 적어두었다. 학술적인 연구 결과나 성공의 방식을 가르치는 스승들의 말이나 내 경험을 살펴보더라도, '목표를 적어둔다'는 행위에는 재고의 여지가 없었다.

해마다 1월 초가 되면 나는 그해에 성취할 목표 101가지를 적는다. 별것 아닌 듯 보이지만 이 행동이 주는 효과는 실로 놀랍다. 나는 이렇게 함으로써 회사를 운영하는 데 큰 도움을 받아왔다.

나는 고등학교 중퇴자에 부자로 태어나지도 않았으며, 전직 불량배다. 노숙자 생활을 했고, 파산자였으며, 우울증 환자였다. 이런 한계가 있었지만, 지금까지 믿을 수 없을 정도로 큰 성공을 거두어왔다. 다른 사람들과 별다를 게 없는 평범한 사람인 내가 이토록 재산과 기회를 끌어모을 수 있었던 건, 철저히 목표에 집중하고 스스로 엄격한 규율을 지켰기 때문이다. 목표 설정은 생각보다 강력한 힘을 발휘한다.

인생에서 설정한 목표가 무엇이냐는 질문을 하면 사람들은 대부분 자기 목표가 무엇인지 명확하고 분명하게 말하지 못한다. 내가 사업을 해서 성공을 거둔 데에는 여러 가지 요인이 있겠지만, 가장 핵심적인 부분은 직원들에게 목표 설정 연습을 시키면서 각자 원하는 바를 이루도록 이끈 데서 비롯되었다고 생각한다. 목표를 설정하는 구체적인 방법은 다음과 같다.

첫째 인생에서 원하지 않는 것들을 모두 적는다.

둘째 더 쓸 게 없으면, 맨 마지막에 있는 항목 아래에 옆으로 길게 줄을 긋는다.

셋째 다른 종이에 방금 쓴 내용을 토대로 자신이 원하는 것을 적는다. 예를 들어 첫 번째 단계에서 '가난하게 살고 싶지 않다'라고 적었다면 다시 '부자로 살고 싶다'라고 적는다. 또 '외롭게 살고 싶지 않다'라고 적었다면 '사람들과 좋은 관계를 맺으며 살고 싶다'고 적으면 된다. 이런 식으로 '병에 걸리고 싶지 않다'는 '건강하게 살고 싶다'로, 또 '평생 이 도시에만 붙박여서 살고 싶지 않다'는 '여기저기 여행을 다니면서 새로운 것들을 보고 싶다'로 바꾸면 된다.

넷째 이번에는 '구체적으로 오늘 무엇을 시작할 수 있을까?'를 생각해볼 차례다. 인생에서 당신이 원하는 바를 각각 구체적으로 열거한 뒤, 이를 이루려면 무엇을 해야 할지 질문을 던진다. 예를 들어 '내가 즐길 수 있고, 또 나를 부자로 만들어줄 만한 일 중에 오늘 할 수 있는 게 뭘까?'라거나, '사람들과 함께 어울리는 가운데서 존재감을 느끼고 인생을 사랑하게 해줄 어떤 활동, 어떤 일, 어떤 취미 활동을 오늘 할 수 있을까?', 또 '나를 건강하게 유지해줄 어떤 운동이나 어떤 활동을 오늘 할 수 있을까?'라고 정리한다.

다섯째 '오늘은 구체적으로 무엇을 시작할 수 있을까?'라고 정리한

체인저블

목록에서 가장 끌리는 다섯 개를 선택해서 동그라미를 치고, 목표들을 달성하기 위한 시간표를 작성한다. 그다음 나머지 다섯 개를 선택해서 똑같이 한다. 이렇게 모든 항목의 실천 시간표를 마련하고 마감 시한을 설정한다.

여섯째 이렇게 마련한 최종 목록을 늘 가까이 두고 바라보면서 실천하고, 또 필요한 경우에는 세부 사항이나 시간표를 조정한다.

우선 원하지 않는 것을 생각한 다음 원하는 것으로 전환하는 이 과정은 실질적인 실천이 동반되는 목표 설정의 토대를 마련해준다. 이 과정은 부정적인 마인드를 긍정적인 마인드로 바꾸어주는 훈련이기도 하다. 순서를 밟아 나아가다 보면 단순하게 긍정적으로 생각하는 것과는 확실히 다른 효과가 있다. 과학적인 연구의 결과도 이런 목표 설정의 효과를 인정한다.

나는 종종 직원들과 함께 앉아서 그들이 설정한 목표를 놓고 이야기를 나누곤 한다. 6년 전에 우리 회사에 입사한 한 직원은 처음에는 인생에서 특별하게 바라는 것도, 목표도 없었다. 이 직원은 회사에 들어온 이후 진지하게 학습에 임했고 내가 제시한 목표 설정의 과정을 착실하게 밟아나갔다. 그는 목표 92개를 설정했고, 이를 달성하기 위해 구체적으로 행동했다. 덕분에 그는 지난 6년 동안 92개 가운데서 83개 목표를 달성했다.

목표를 정하는 것만으로도 부를 불러들일 수 있다는 이야기가 다소 터무니없게 들릴지도 모르지만, 실제로 상상하는 행위만으로도 행동을 시작하는 데 도움이 된다. 다시 말해, 사람이 마음속으로 상상하는 것과 실제 행동으로 옮기는 것 사이에는 밀접한 연관성이 있다. 마음속을 시각화하면 자신이 바라는 것과 그것을 이루기 위한 신체적 능력이 자연스럽게 연결된다. 뇌파가 그렇게 작동하는 것이다. 나는 이것을 '부를 끌어당기는 힘의 원리'라고 부른다.

이 법칙을 자세히 살펴보자. 하버드대학교에서 생각이 뇌에 어떤 영향을 미치는지 알아보는 실험을 했다. 연구진은 피실험자들을 두 집단으로 나누고, 한 집단은 실제로, 다른 집단은 마음속으로 피아노를 연주하게 했다. 피실험자들은 지적 수준이 동일했으며, 따로 피아노 연주 훈련을 받은 사람은 포함하지 않았다. 실험 기간 동안 한 집단은 날마다 특정 음계를 피아노로 연주했고, 다른 집단은 동일한 음계를 피아노로 연주하는 상상을 했다.

연구진은 가상과 실제 피아노 연주가 피실험자의 뇌 활동에 어떤 영향을 주었는지 확인하기 위해, 피실험자들이 가상으로든 실제로든 피아노 연주를 시작하기 전과 피아노를 연주하는 일정 기간이 지난 뒤에 똑같은 방식으로 뇌를 촬영해 활동을 살폈다.

흥미롭게도, 두 집단에서 모두 손가락 운동을 관장하는 뇌 부위가 상당한 수준으로 활성화된 것을 확인했다. 이런 결과는 피아노를 연주하는 상황을 머릿속으로 상상하는 것만으로도 마치 실제로 피아노를 연주한 듯 뇌를 바꾸어놓는다는 사실을 입증해준다.

그렇다면 목표를 정할 때 가장 주의해야 할 점은 무엇일까? 바로 모든 항목을 세부적으로 설정해야 한다는 것이다. '부자가 되고 싶다'거나 '건강하게 살고 싶다'처럼 모호하게 적으면 안 된다. 이런 표현은 자기 목표를 구체적인 세부 사항으로 나누는 과정의 시작점일 뿐이다. 새로운 목표를 설정할 때는 언제나 다음 세 가지 질문을 던지고 답해보자.

첫째 이 항목이나 경험을 내가 직접 누릴 때의 모습은 구체적으로 어떤 것일까?

둘째 목표를 달성할 때까지 얼마나 오래 전력을 다해야 할까?

셋째 목표를 달성할 때 어떤 느낌일까?

예를 들어 '건강하게 살고 싶다'라는 목표라면 이렇게 말할 수 있다.

'올해에 추가로 5만 달러를 더 벌고 싶고, 적어도 앞으로 넉 달 안에는 목표를 달성하고 싶다. 그렇게 되면 추가 수입으로 여행도 가고 빚을 갚을 수 있을 테니, 마음이 편안해질 것이다. 또한 정신적인 스트레스가 줄어들면, 신체 건강도 균형을 찾을 것이다. 건강한 몸과 마음을 가질 생각을 하니 기쁘다. 이런 상태를 잘 유지해서 다른 목표를 이루는 원동력으로 삼아야겠다.'

밝고 생생한 마음속 그림들은 인생에서 기회를 만들어내는 데 필수 요소다. 목표에 '어떻게' 도달할지는 몰라도 된다. 그냥 당신이 원하는 것이 무엇인지, 그것을 달성했을 때 기분이 어떨지 명확하게 생각하고 또 느껴라.


- 과거를 바꿀 수는 없다.
- 그러나 미래는 스스로 만들어갈 수 있다.

# CHANGE 2

# 아무것도 하지 않으면
# 아무 일도
# 일어나지 않는다

집을 떠나려 하는데 앞으로 다시 집에 돌아올 수 없을지도 모른다면, 부모에게 뭐라고 말하겠는가?

텔레마케팅 회사에서 잘린 뒤, 나는 신경과민으로 지친 상태였다. 그러나 마침내 힘을 내어 인생에서 원하는 것을 얻기 위한 발걸음을 떼었다. 부모 앞에 나서서 모든 것을 새로 시작해야겠다고 말할 참이었다. 내 인생의 부정적인 것들이 발목을 잡고 늘어지기 전에 무언가를 해야만 했다.

나는 어머니, 아버지와 함께 마주 앉았다. 바닥만 바라보면서 머릿속에 맴도는 생각들을 추슬렀고 마른 침을 삼켰다. 한동안 침묵만 흘렀다. 머릿속에는 한 가지 생각이 딱딱하게 뭉쳐 있었다. '이제 다시는 과거로 돌아갈 수 없다!'

그때, 마치 내가 아닌 다른 이가 말하는 듯, 더할 나위 없이 어색한 말이 입에서 튀어나왔다.

"떠나려고요. 떠나기로 마음먹었습니다. 잠깐이 아니라, 영원히요. 여기에서는 더는 버틸 수 없어요. 여기에서는 어떻게 해볼 도리가 없어요. 내 인생…… 내 인생이 완전히 꼬여버려서 달리 방법이 없어요."

내 말이 어머니에게 얼마나 큰 상처를 주는지 알았기에 고통스러웠다. 어머니는 나에게 행복한 인생을 마련해주려고 쉬지 않고 일했다. 아버지는 내가 과연 제정신으로 그런 말을 하는지 의심했지만, 곧 최대한 이성을 찾아 나를 바라보려고 했다.

나는 주머니에서 항공권을 꺼냈다.

"할아버지가 남겨주신 돈은 이미 썼습니다. 이걸 샀거든요."

내내 한 마디도 하지 않던 어머니가 마침내 고개를 들어 나를 바라보았다. 어머니의 눈빛이 내 마음을 흔들었다. 어떻게 어머니를 두고 떠난단 말인가? 어쩌면 다시는 못 볼지도 모르는데……. 두 손이 덜덜 떨리기 시작했다. 무슨 말이든 해야 했다. 그래야 어머니의 눈빛을 바꿀 수 있었다. 다행히 그럴 필요는 없었다. 어머니가 먼저 말을 꺼내셨다.

"얘야, 그래, 가라. 가거라! 네 마음이 시키는 대로 해라. 네가 옳다고 느끼는 것을 해라. 가서 혹시라도 모든 게 다 잘못되면 언제든 집으로 돌아와라. 내가 늘 두 팔을 벌리고 너를 기다릴 테니까."

승낙이었다. 어머니는 내가 경험하기를 허락함으로써 나를 고문과도 같은 고통에서 풀어주었다. 그날 세상은 나에게 다른 선택지가 없다는 사실을 믿게 해줌으로써 선물을 주었다. 곧바로 행동을 취하는 것, 즉 그곳을 떠나면 내 인생이 나아지리라는 생각에 따라 주저 없이 행동을 취하게 해준 것이 그날 세상이 나에게 준 선물이었다.

이후 긴 비행을 거쳐 마침내 방콕에 도착했다. 빨리 비행기에서 내려 파란 바다와 흰 모래사장을 보고, 내 생애 처음으로 코코넛워터를 마시고 싶었다. 그러나 비행기에서 내리자 맨 처음 눈에 들어온 것은 한 번도 보지 못한 고층 빌딩들과 도로를 가득 메운 자동차들이었다. 마음속에 그리던 천국을 찾아 나섰고 마침내 그곳에 발을 디뎠다고 생각했는데, 정작 나를 맞아준 것은 메마른 건물, 꽉 막힌 도로, 수천 개의 무표정한 얼굴들뿐이었다. 바다도, 백사장도, 야자수도 없었다. 스웨덴을 떠나기 전 친구들과 어울려서 여러 날 동안 파티를 벌이며 즐기기만 했지, 내가 살아가게 될 태국이라는 나라에 대해서는 단 1분도 조사를 하지 않았던 것이다.

태국에 도착했을 때 내 주머니에는 할아버지가 내 몫으로 남겨준 유산 가운데 달랑 100달러가 남아 있을 뿐이었다. 바다가 있는 푸껫섬은 남쪽으로 너무 먼 곳이었고, 거기에 가려면 다시 비행기를 타야 했다. 그러나 내가 가진 돈으로는 비행기를 탈 수 없었다.

다행히 내 말을 알아듣는 여행사 직원이 일러준 대로 푸껫으로 가는 버스를 타기로 했다. 열여덟 시간이 걸린다고 했다. 50달러를 주고 승차권을 샀다. 그다음 딱히 갈 곳도 없고 할 수 있는 일도 별로 없었기에, 일찌감치 버스 승차장이 있는 곳으로 갔다. 그리고 승차장 맞은편 벤치에 자리를 잡고 앉았다.

조금 떨어져 있는 벤치에서 남자 둘이 술로 보이는 음료를 마시고 있었다. 눈이 마주치자 그들이 손짓으로 불렀다. 길거리에서 친구들과 어울려 술을 마시는 풍경은 낯설지 않았던 터라, 나는 냉큼 다가갔다. 내가 어떻게 여기까지 왔는지 이야기하자, 그들은 푸껫에 가기로 마음먹었다니 잘 생각했다고 했다. 그곳에는 관광객이 많아서 돈이 많이 돈다는 것이다. 그 말을 들으니 왠지 마음이 놓였다.

두 사람은 내게 '라오카오'라는 태국 위스키를 마셔본 적이 있는지 물었다. 쌀을 발효해서 만든 술이라는 뜻인데, 맛있고 독하다고 했다. 조금 있으면 버스를 타고 열여덟 시간 동안 여행을 하면서 새로운 인생을 시작할 참이었다. 충분히 축하할 일이었다. 게다가 '술을 마시고 취기가 있으면 버스에서 잠도 푹 잘 수 있겠지'라는 생각으로 내 행동의 핑계를 만들었다.

한 모금이 두 모금이 되고, 그러다 보니 금방 열 모금이 되었다. 그러고 나서 곧바로 정신을 잃었다. 얼마나 지났을까. 나는 움직이는 어떤 기계 장치 안에서 깨어났다. 사방은 깜깜했다. 휴대폰 불빛을 비춰서 주변을 둘러보았더니 주변엔 온갖 형태의 가방이 보였다.

순간 공황 발작이 일어났다. 어째서 내게 이런 일이 생겼을까? 정신이 아뜩하고 호흡이 불규칙해졌다. 그저 희미한 휴대폰 불빛으로 주변을 비춰보는 수밖에 없었다. 그러다가 내가 흰색 담요 위에 누워 있으며 주위에는 온갖 가방들이 빽빽하게 놓여 있음을 깨달았다. 내가 있는 곳은 바로 버스 짐칸이었다.

승객들이 저녁 먹을 때가 되어 버스가 멈추고 운전사가 와서 짐칸 문을 열고서야, 나는 밖으로 엉금엉금 기어 나올 수 있었다. 밖으로 나오긴 했지만, 어떻게 된 일인지 도무지 알 수 없었다. 이윽고 버스 운전사가 상황을 설명해주었다. 그 버스가 정류장에 도착하기 전에, 나는 방금 만난 두 청년에게 얻어 마신 술에 취해서 벤치에 누워 있었다. 버스가 오자 두 청년이 나를 깨웠지만, 나는 정신을 차리지 못했다. 독한 술에 취해 완전히 정신을 잃어버린 모양이었다. 함께 술을 마시던 청년들은 내가 푸껫행 버스표를 끊었다는 사실을 알고 있었으니, 나를 태워 가라고 버스 기사에게 사정했다. 태우긴 해야겠다 싶었지만, 혹시라도 내가 버스 안에서 토하거나 혹은 다른 승객들에게 폐를 끼칠지 몰라 선뜻 그러자고 하지 못하던 기사는 마침내 꾀를 하나 냈다. 나를 짐칸에 태우는 것이었다. 그래서 하얀 담요를 바닥에 깔고 나를 눕힌 뒤에 베개를 받쳤으며, 버스가 요동칠 때 내 몸이 짐칸에서 이리저리 구르지 않도록 주변에 무거운 가방들을 빙 둘러놓았다.

　그때는 버스 짐칸에 실려서 푸껫까지 간 일이 그야말로 우연이라고만 생각했다. 그런 일이 일어날 수밖에 없었던 필연적인 이유를 도무지 알지 못했다. 그때만 하더라도 나는 내가 한 선택과 이후 일어나는 결과 사이의 연결점을 몰랐다. 지금 돌이켜보면, 그 버스 여행은 내 인생 어떤 여행보다 안락했다. 그 뒤로 다시는 만나지 못한 두 청년은 버스 기사에게 나를 태워 가도록 설득함으로써 나를 구원해준 셈이었다. 내가 곧 고향이라고 부르게 될 태국에 사는 사람들의 친절함과 관대함을 나에게 보여주려는 하늘의 큰 뜻이 작용하고 있었다.

　푸껫에 도착했을 때 내 손에 남은 돈은 40달러뿐이었다. 나는 흥분과 공황을 동시에 느꼈다. 푸른 바다가 펼쳐진 이 아름다운 곳에서 새로운 인생을 시작할 준비는 되어 있었지만, 어떻게든 빨리 일자리를 찾아야 했다.

　바닷가 옆 도로에 줄지어 늘어선 호텔들을 찾아다니며, 3개 국어를 할 줄 알며 어떻게든 돈을 벌고 싶은 청년이 할 수 있는 일이 있는지 물었다. 운 좋게 둘째 날에 바로 일자리를 얻었다. 호텔 관리자는 시험 삼아 일을 시켜보고, 잘하면 정식으로 채용하겠다고 했다. 길거리 관광객들을 상대로 초대장을 겸한 광고 전단을 나누어주면서 호텔의 할인 정책을 설명하고, 여러 가지 여행 상품을 소개하는 일이었다. 수수료는 내가 나눠준 초대장을 들고 호텔을 찾아온 관광객 수에 따라서 받았다.

사실 이 일의 돈벌이는 형편없었다. 그저 태국에서 일자리를 얻었다는 데 감격했을 뿐이다. 아이러니하게도 나는 관광객들에게 광고 전단을 나누어주면서 마치 내가 그곳에서 평생을 살기라도 한 것처럼 푸껫에서 발견할 수 있는 온갖 아름다움과 재미를 줄줄 읊어야 했다. 단 하나도 경험해보지 못했으면서 말이다.

일자리를 잡았기에 선풍기와 침대, 샤워기가 딸린 작은 방을 빌렸다. 당시에는 일주일에 기껏해야 15달러, 많아야 30달러밖에 벌지 못했다. 집세를 내고 수프를 조금 먹으면 돈이 금방 떨어졌지만, 그래도 행복했다. 마침내 푸른 바다와 백사장과 코코넛 나무를 얻었으니까.

그렇게 하루 100바트(약 3달러)를 가지고 살았다. 그 돈으로 쌀국수 한 그릇(30바트)과 일을 하려고 빌린 오토바이의 기름(50바트)을 샀으며, 남은 돈으로는 휴대폰 심 카드를 교체했다. 집세를 낼 돈이 생기면 술을 퍼마시곤 했다. 하루에 겨우 쌀국수 한 그릇을 사 먹을 여유밖에 없어서, 친절한 쌀국수 가게 주인에게 부탁해 외상으로 끼니를 때웠다.

하지만 그런 관대한 대접만 있는 건 아니었다. 어느 날 아침, 문짝을 부서져라 쾅쾅 두드리는 소리에 놀라 잠에서 깼다. 경찰관 셋이 문 앞에 서 있었다. 몇 개월째 집세를 내지 않은 나를 쫓아내려고 온 참이었다.

당시 나는 내가 아는 모든 사람에게서 돈을 빌린 뒤 갚지 못했고, 돈을 빌려주겠다는 사람도 더는 없었다. 그렇다고 해서 부모님에게 연락해 태국에서도 실패하고 말았다는 말을 할 용기도 없었다. 아직 나에게는 자존심이 남아 있었다. 결국 여기저기에 빚을 진 상태로 노숙자가 되고 말았다.

푸껫의 아름다움은 이 섬에 있는 수많은 백사장이 잘 보여준다. 섬에서는 어디에 살든 조금만 걸어가면 바닷가가 나온다. 노숙자 신세가 된 뒤, 나는 옷가지를 쑤셔 넣은 가방 두 개를 들고 가장 가까운 백사장을 찾아가 야자수 그늘에 앉았다. 얄궂은 내 인생이 연출한 새로운 상황에서 무엇을 할 것인지 곰곰이 따져봐야겠다는 생각이 들었다. 내가 쫓겨난 방에서 가장 가까운 백사장까지는 채 500미터도 되지 않았다.

야자수 아래에서 보내는 날은 하루로 끝나지 않고 계속 이어졌다. 고향을 떠나 여기에 온 것이, 이런 식으로 인생을 살아가는 것이, 과연 위험을 무릅쓸 가치가 있는 일이었을까?

## 두려움을 없애는 세 가지 법칙

사람들은 대부분 실패를 두려워한다. 특히나 자기가 꾸던 꿈들을 이루는 데 실패하고 모든 게 끝장나는 상황을 비참하다고 여긴다. 시련과 맞닥뜨리기를 두려워하고, 자기가 생각하는 것만큼 성공이 일찍 찾아오지 않는 상황을 힘들어한다.

그런데 사람들은 이제 막 성공하려는 시점에서 포기하고 물러난다는 사실을 깨닫지 못한다. 성취를 발 앞에 두고 자신의 가능성을 의심하고 두려워하기 시작한다. 이럴 때가 바로 진정으로 실패하는 시점이다. 실패나 역풍, 시련을 학습의 기회로 여긴다면, 절대로 '진짜 실패'란 없다. 비록 내가 처음에 떠올린 스무 가지 남짓한 사업 아이디어들을 모두 완벽한 성공으로 이끌지 못했지만, 그래도 그 경험을 통해서 성공적인 사업 기회를 만들어낼 수 있었다.

많은 사람이 실패에 관한 근거 없는 두려움으로 포기한 뒤, 나중에 그것이 엄청난 성공을 보장하는 사업 아이디어였음을 알고는 땅을 치고 후회한다. 이처럼 우리를 나아가지 못하게 만드는 '두려움'에 휩쓸리지 않으려면 어떻게 해야 할까? 우선 다음 세 가지 법칙을 기억하자.

- 당신의 뇌는 감정이나 논리를 기반으로 위험을 인지할 수 있다.
- 위험을 무릅쓰는 상황이 좋은 것일 가능성도 있음을 상기하면, 불안을 줄일 수 있다.
- 오뚝이처럼 실패로부터 일어나는 법을 한번 배우면, 나중에 위험을 무릅써야 할 때 필요한 자신감을 얻을 수 있다.

한 연구 결과에 따르면 사람의 뇌에서 의사결정을 담당하는 부분은 흥분성 신경전달물질과 억제성 신경전달물질이라는 두 종류 세포로 구성되는데, 전자는 80퍼센트, 후자는 20퍼센트를 차지한다. 젊을 때는 경험이 적고 흥분 세포가 과다하게 많아서 장애물이 나타나도 행동에 거침이 없다. 어린이나 10대 청소년이 위험한 행동을 저지르기 쉬운 이유도 바로 이런 까닭이다. 그러나 나이가 들면서 경험이 많아지면, 우리의 뇌는 과거의 경험에 감정을 할당해 위험한 행동을 걸러주는 필터 역할을 하게 된다.

과학 저널리스트인 카이트 수켈은 『위험의 기술The Art of Risk』에서 청년의 뇌, 특히 위험하기로 악명이 높은 10대 청소년의 뇌를 다룬다. 수켈은 성호르몬과 대뇌 영역, 또 10대들이 특정 주제에 반응하는 방식을 깊이 파고든다. 그는 '바퀴벌레를 먹는다는 생각은 좋은가 아니면 나쁜가?'와 같은 질문에 대답하는 데 걸리는 시간이 성인보다 청소년에게서 더 길다는 현상을 비롯하여 여러 가지 매혹적인 연구 결과들을 인용한다. 그의 연구에 따르면, 10대들은 성인에 비해 경험이 적은 데다가 제각기 다른 개성을 뚜렷하게 가지고 있어서 '나쁘다'는 대답을 금방 하지 못한다. 이 연구 결과를 읽으면서, 내가 학교에 다닐 때나 스톡홀름 뒷골목을 휩쓸고 다닐 때 위험한 짓들을 왜 그렇게나 많이 했는지 알 수 있었다.

그렇다면 위험을 제대로 다루기 위해서는 어떤 기술이 필요할까? 먼저 당신의 뇌가 위험을 어떻게 감지하는지 이해하라. 최근 뇌

체인저블

과학에서는 위험 감수는 의식적일 수도, 무의식적일 수도 있다고 말한다. 무의식 상태에서는 위험이나 위험을 바라보는 방식을 인지하지 못하는 경우가 있다. 느낌이나 감정은 이성적인 사고를 모호하게 만들 수도 있고, 반대로 촉진할 수도 있다. 자기 감정을 의식한다고 하더라도, 우리는 무의식적인 감정이 위험을 기꺼이 감수하겠다는 욕망에 얼마나 큰 영향을 주는지는 의식하지 못한다.

여러 연구 결과에 따르면, 사교적이고 충동적인 말썽꾼이거나 공격적인 성향을 가진 사람이 특히 위험을 무릅쓰는 경향을 보인다. 페이스북Facebook을 창업한, '사업적 감각이 부족한 대학생' 마크 저커버그와 뉴스코퍼레이션Newscorp의 전문 경영자들을 비교하면, 위험에 어떻게 반응하는지에 따라 어떤 성과가 발생하는지 명확해진다. 위험을 무릅쓴다는 것은 자기가 하는 일에 열정적이라는 뜻이며, 대개 강렬한 감정과 이어져 있다.

뇌는 기본적으로 실수를 통해 학습한다. 실험을 하면서 자연스럽게 학습이 이루어지는 이유도 여기에 있다. 로켓 사이언스 게임스Rocket Science Games의 CEO 스티브 블랭크는 비디오 게임 산업을 혁명적으로 일으키긴 했지만, 3500만 달러 투자 손실을 기록했다. 그러나 거기에서 그만두지 않고 계속 밀어붙여서 에피파니Epiphany를 창업했고, 이 회사는 결국 투자자들에게 각각 10억 달러씩 이익을 안겨주는 등 큰 성공을 거두었다.

새로운 일에 대한 두려운 감정이 앞서더라도, 일단 실행해보라.

'하지 않는' 쪽보다 '하는' 쪽을 선택하는 것이다. 실패하더라도 그 실패 속에 반드시 배움이 있다. 실행하지 않으면 배움도 성공도 없다는 사실을 잊지 말자.

## 부를 부르는 감정의 힘

우리에겐 수없이 많은 감정이 있다. 그중에서도 부를 가져다주는 감정은 따로 있다. 바로 책임감이다. 책임감을 가지면 당혹스러움을 겪을 일이 많아지고, 겸손의 의무를 져야 하며 많은 돈을 써야 할 수도 있다. 그러나 자기 선택에 책임을 진다는 생각이 확고하면, 부를 끌어당기는 강력한 힘이 생긴다.

책임을 진다는 것은 다시 말해 자기 불행을 남 탓으로 돌리지 않는다는 뜻이다. 다른 사람들이 '나'에게 부정적으로 작용할 수밖에 없는 행동을 하거나 외부 환경이 불리하더라도, '나'는 행복할 수 있는 길을 찾아낸다는 뜻이기도 하다.

불량배 무리와 어울려 늘 술에 취해서 스톡홀름 거리에서 싸움이나 하면서 살 때는 스스로 인생을 통제할 힘을 가지고 있다고 믿지 않았다. 그래서 늘 주변 다른 사람들 탓을 하며 언제나 불행해했다. 첫 일자리에서 해고되었을 때 분노했으며, 사장이 나에게 신경을 제대로 써주지 않아서 그런 일이 일어났으니 모든 잘못은 사장에게 있다고 여겼다. 그러나 그때 그렇게 생각하지 않고 달리 생각했다면 어떻게 되었을까? 일이 내 적성에 맞지 않아서 불행한 시간을 보내는 모습을 사장이 안타깝게 여겼고, 그래서 더 큰 만족감을 얻을 만한 일을 찾아보도록 나를 해고했다고 생각했다면, 어떻게 되었을까?

그랬다면 나는 사장에게 고마운 마음을 가졌을 테고, 다음 행보를 취할 때 한층 긍정적인 마음을 가졌으리라. 물론 잦은 지각에 책임을 지고 해고된 뒤에 고마운 마음을 가지려면 많은 노력이 필요하다. 그렇지만 이런 식으로 자기 감정을 통제하는 방법은 충분히 배울 만한 가치가 있다.

책임감을 가지는 것 외에도 인내심을 키우는 일 역시 중요하다. 책임감과 비슷한 맥락으로, 인내심을 기르면 시련에 맞닥뜨렸을 때 그 시련을 다른 의미로 해석할 능력이 생기기 때문이다. 이를 미처 개발하지 못한 사람들은 극단적으로 힘든 환경에서 자신의 다른 모습을 상상하지 못한다. 특정 사건에 대해 자신이 드러내는 감정적인 반응을 통제하는 능력을 '근육'이라고 생각하면 이해하기 쉽다. 이 두박근은 쓰면 쓸수록 강해진다. 감정을 통제하는 것도 마찬가지다. 그다지 심각하지도 않은 일들(식당에 갔는데 웨이터가 무례하다)이 자기 기분을 망치게 내버려두는 사람이라면, 상대적으로 심각한 일들(반갑지 않은 친척이 찾아와서 주말 내내 집에 머문다)이 일어날 때 어떻게 행복한 마음을 유지할 수 있겠는가?

인내심을 키우는 데 결정적으로 중요한 요소는 어떤 방해물이 앞길을 막아서도 기꺼이 수용하는 마음가짐이다. 자기에게 닥친 결과를 온전하게 인정하지 않는다면 결과를 긍정적인 눈으로 바라보지 못할 테고, 따라서 결코 행복해질 수 없다. 그러니 자기 인생에서 펼쳐진 결과를 온전하게, 아무런 이의 없이 기꺼이 받아들이는 것부터 시작하라. 이런 태도를 가지면 넘어지더라도 다시 일어나 앞으로 나아갈 힘을 얻을 수 있다. 어떤 실패를 겪는다 해도 언제든 새롭게 시작할 수 있다는 자신감이 생기기 때문이다.

다음으로는 '마치 ~인 셈치고'의 원리를 이용해보자. 빅토리아 시대의 철학자 윌리엄 제임스가 정리한 감정과 행동에 대한 이론에 따르면, 우리 행동을 이끄는 것은 우리의 감정이 아니다. 즉 행복감을 느낀다고 해서 저절로 웃음이 나오지는 않는다는 것이다. 그는 반대로 우리 행동이 감정을 인도한다고 주장한다. 웃으면 행복감이 느껴진다는 것이다. 그래서 제임스는 이렇게 결론을 내렸다.

"어떤 물건을 가지고 싶다면 이미 그 물건을 가지고 있는 것처럼 행동하라."

바로 이 조언을 일상의 모든 측면에 적용할 수 있다. 특정한 어떤 사람이 된 듯 행동함으로써 그 사람이 될 수 있다.

책임감, 감사하는 마음, 인내심, 자신감 등 모든 긍정적인 감정을 연습하라. 이 연습을 거듭하면 같은 상황에서도 더욱 성장할 수 있고, 성장하면 보이는 것도 달라진다. 작은 성공을 쌓으며 점차 성공한 사람이 되어간다는 사실을 잊지 말고, 계속해서 시련을 긍정적으로 해석하기 위한 노력을 해보자. 감정도 연습하면서 더욱 단단하게 내 것으로 만들 수 있다.

- 사람들은 대부분 위대한 성취를 꿈꾼다.
- 그러나 실천함으로써 꿈을 실현하는 사람은 지극히 드물다.

CHANGE 3

# 내 안의
# 숨겨진 부자 DNA를
# 찾는 법

태국에 와서 한동안 기거하던 작은 방에서 쫓겨난 뒤, 여러 날 동안 가방을 베개 삼고 수건 두 장을 담요 삼아 바닷가에서 노숙했다. 그래도 한 가지 원칙은 확실하게 지키려고 했다. 바로 일하는 사람이나 관광객이 바닷가를 찾기 직전인 오전 다섯 시 정각에는 반드시 자리를 털고 일어나는 것이었다. 그 사람들에게 바닷가에서 노숙하는 모습을 보이지 않으려는 마음이었다. 밤이면 하늘에 총총한 별을 바라보면서 어쩌다가 야자수 아래에서 노숙하는 신세가 되었는지 이해하려고 노력했다. 숱하게 많은 날을 울면서 지새웠다. 눈물이

멈추면 텔레마케팅 회사 사장을 욕하고 부모를 원망하고 친구들을 탓했다. 노숙자 처지가 되고 만 내 신세를 놓고 모든 사람과 모든 것을 비난했다. 내가 비난하지 않은 대상이 단 하나 있다면, 바로 나 자신이었다.

어느 날 오후였다. 백사장에 앉아 있는데 배가 몹시 고팠다. 어떻게 하면 먹을 것을 구할 수 있을지 필사적으로 생각했다. 그 지역에서 얼굴을 아는 모든 사람에게서 이미 돈을 빌렸고 갚지 못했다. 그런데 외상 음식을 줄 만한 사람이 딱 한 명 있었다. 쌀국수 가게 주인이었다. 긴 세월이 지난 뒤에 돌이켜보면, 당시 그 주인은 나에게 어머니 같은 존재였다. 나에게 따뜻한 쌀국수 한 그릇은 얼마든지 기꺼이 내어줄 사람이었다. 그러나 그때 다른 아이디어가 섬광처럼 번쩍였다. 스웨덴을 떠난 뒤로 한 번도 통화를 한 적 없는 오랜 친구가 생각났다. 곧바로 그 친구에게 전화했다. 싸구려 방이라도 얻도록 도와달라고 간청했다. 친구는 잠자코 듣기만 하더니, 돈으로는 도와줄 수 없고 이메일로 전자책을 한 권 보내주겠다고 했다. 그 책이 나에게 분명 도움이 될 거라고 했다. 와! 이렇게 고마울 수가! 아무것도 가진 게 없는 노숙자에게 책을 보내주겠다고? 고작 책 따위가 도움이 될 거라고?

나에게는 돈이 필요했고, 다른 무엇보다 돈을 원했다. 돈이 있어야 먹을 것도 구하고 방도 구할 수 있었다. 그런데 책이라니! 도무지 믿을 수 없었다. 너무나 당황스러웠다. 그래서 억지로 웃으며 고맙다고만 하고 전화를 끊었다.

화가 나서 미칠 것 같았다. 친구라는 녀석이 도움을 주겠다면서 하는 말이 책을 한 권 보내겠다니! 그러다 문득 책이 있으면 할 일도 없는 저녁 시간에 바닷가에 앉아서 보내는 시간이 덜 지루하겠다는 생각이 들었다. 인생이 너무 잔인하다는 생각에만 몰두하던 내가 그 책 덕분에 다른 것에 집중할 수도 있겠다 싶었던 것이다. 그래서 인터넷이 되는 가게에 가서 책을 출력하고는 바로 그날 밤부터 읽기 시작했다. 친구가 보내준 책은 바로 론다 번의『시크릿』이었다.

『시크릿』이라는 책을 읽었거나 들어본 사람이라면, 내가 그 바닷가에서 곧바로 어떤 진리를 깨우쳤으리라고, 적어도 그 책이 내 인생의 전환점이 되었으리라고 기대할지 모르겠다. 그러나 사실과 다르다. 이 책에 대한 내 첫 반응은 '비현실적이다. 완전히 쓰레기다'였다. 친구에게 얼마나 화가 났는지, 분노를 친구 대신 책에다 마구 쏟았다.

'긍정적으로 생각하라?'

'시각화하면, 결국 얻을 것이다?'

개가 풀을 뜯어 먹는 소리다!

나는 그 책에 담긴 이론이 틀렸음을 입증하기로 마음먹었다. 그 책의 가르침들을 토씨 하나 빠뜨리지 않고 그대로 실천하리라. 그래서 그 가르침들이 잘못되었다는 사실을 증명하리라.

책에 나와 있는 대로, 나는 먼저 원하는 것들을 시각화하기 시작했다. 그 방법이 통할 거라고 믿지는 않았지만, 작은 것들이라면 가르침대로 해보기 어렵지 않을 듯했다. 먼저 커피 한 잔을 떠올렸다. 그리고 백사장에 수건을 깔고 앉아, 눈을 감은 채 누군가 따뜻하고 맛있는 커피 한 잔을 준다면 기분이 얼마나 좋을지 깊이 생각하는 데 집중했다. 처음 몇 번 시도할 때는 무슨 바보 같은 짓을 하는지 모르겠다는 생각이 들기도 했지만, 달리 할 일도 없고 해서 그 상상에 집중하려고 노력했다. 몇 번 더 시도한 끝에 마침내 내 마음의 눈에 커피 잔이 보이기 시작했다. 잔에서 모락모락 피어오르는 김도 보였다. 커피 향도 맡을 수 있었다. 그로부터 이틀 뒤였다. 여전히 백사장에 앉아 있는데, 제트스키를 타던 관광객이 다가와서 말했다.

"며칠 동안 당신이 여기에서 이러고 있는 모습을 봤는데, 커피 한 잔 사드리고 싶어요. 무척 지쳐 보여서 말입니다."

믿을 수 없었다! 마음속에만 존재하던 커피가 눈앞에 나타나다니! 상상이 아닌 현실에서 커피를 맛볼 수 있다니!

여전히 반신반의하는 마음이었지만, 호기심은 한층 강하게 일어났다. 그래서 이번에는 점심을 상상해보았다. 벌써 여러 주째 쌀국수만 계속 먹었기에, 멋진 정찬 생각이 마치 폭포수처럼 쏟아졌다. 눈을 감고 갖가지 맛있는 음식을 마음속에 떠올리기는 했지만, 그러고 앉아 있는 내 모습이 우스꽝스러웠다. 처음 몇 번은 어색하고 잘되지 않았다. 어쨌거나 커피로 성공한 기억을 되살리면서 계속 노력했고, 마침내 멋진 점심을 먹는 나를 느낄 수 있었다.

그리고 며칠 뒤에 내가 일했던 호텔에서 알던 직원을 우연히 만났다.

"안녕, 안드레스! 오랜만이야, 잘 지내? 내가 점심 살게!"

이럴 수가! 이게 통하는 건가? 아니면 그냥 우연인가?

두 번이나 시각화에 성공했지만, 여전히 확신할 수 없었다. 그래서 이번에는 좀 더 크고 복잡한 것을 놓고 시도해보기로 했다. 맨먼저 일자리를 생각했다. 취직을 해서 돈을 벌고, 그 돈으로 안락하게 잠을 잘 수 있는 방을 구하고, 날마다 샤워를 하고 옷도 깨끗하게 빨아 입을 수 있다면, 부모님이 흐뭇하게 여기며 자랑스러워할 생활을 한다면 기분이 얼마나 좋을지 상상 속에서 시각화하기 시작했다.

이후 나는 내 인생에서 원하는 새로운 일자리에 대한 생생한 그림들을 시각화하면서, 내가 주인공인 온갖 영화를 머릿속으로 만들어냈다. 얼마 지나지 않아 창의적인 시각화를 하려면 강렬한 감정이 뒷받침되어야 함을 깨달았다. 그래야만 실질적인 끌어당김이 일어난다. 나중에 알게 된 사실이지만, 나는 처음부터 나도 모르게 그런식으로 하고 있었다.

물론 새로운 일자리를 얻으면 얼마나 행복할지 느끼면서 그냥 바닷가에 앉아 기다리기만 하지는 않았다. 원하는 바가 구체적으로 떠오른 이상, 행동으로 옮겨야 했다. 이틀 동안 온 동네를 돌아다니면서 일자리를 알아보았다. 둘째 날에 마침내 부동산 사무실의 판촉사원으로 관광객들에게 광고용 카탈로그를 나눠주는 일을 얻었다.

체인저블

몇 달 동안 열심히 일한 뒤, 뒷마당에 작은 정원까지 딸린, 작지만 멋진 집을 구할 수 있었다.

『시크릿』으로 변화를 얻고 나자, 더 많은 책이 읽고 싶어졌다. 일하지 않는 시간에는 마음이 발휘하는 힘을 주제로 다룬 여러 책을 읽었다. 커피 한 잔을 얻어 마시고, 점심 한 끼를 얻어먹고, 일자리까지 구하게 되자, 내가 내 인생을 통제할 수 있다는 확신이 들었다.

변화의 스위치가 켜진 것은 그때부터였다. 내가 읽는 책들이 제시하는 여러 가르침을 내 삶에서 녹여내고자 노력하기 시작했다. 생각을 예전과 다르게 해서 마침내 내 인생을 스스로 통제할 수 있게 된 걸까, 아니면 그때까지는 다른 생각을 하지 않음으로써 내 인생에 대한 통제권을 스스로 포기하고 살았던 걸까?

무엇이 맞는지는 중요하지 않다. 다르게 생각하기 시작했다는 단순한 행동이 중요할 뿐이다. 나는 날마다 삶에 대한 새로운 발견을 했다. 나폴레온 힐의 책을 읽고 자기 암시의 힘을 배운 뒤로는, 일상 속에서 긍정을 실천하기 시작했다. 토니 로빈스나 잭 캔필드 같은 사람들이 쓴 책에서는 성취하고자 하는 것이나 경험하고자 하는 것, 또 가지고자 하는 것을 명상하며 떠올리고 내 잠재의식을 전환하는 방법을 배웠다.

나는 날마다 내가 설정한 목표를 적어 집과 사무실 곳곳에 붙여놓았다. 이윽고 일상에서 여러 가지 변화가 빠르게 나타나기 시작했다. 생활은 예전과 완전히 달라졌다. 매일 아침 정원에 앉아 내가 설정한 목표들과 실현하고자 하는 일들을 머릿속으로 시각화하면서 하루를 시작했다. 출근길에는 긍정적인 생각을 큰 소리로 말했다. 자동차에 앉아서 이렇게 소리 내어 외치곤 했다.

"나는 태국 최고의 영업 사원이다! 만나는 사람마다 모두 나를 좋아하게 되고, 내가 팔려는 것을 서로 사려고 달려든다! 나는 나 자신을 만들어간다! 나는 영업의 귀재다! 나는 행복한 사람이고 남에게 도움을 주는 사람이다! 나는 계속해서 큰 부자가 되어가는 중이다!"

마침내 내 인생을 스스로 통제한다고 느꼈으며, 이런 깨달음 덕분에 점점 더 열심히 더 많은 행동을 실천했다.


## 부의 청사진을 그리는 다섯 가지 문장

나는 16년이 넘는 긴 세월 동안 온갖 책과 세미나를 통해 다양한 지식을 얻었다. 이 지식에 스스로 한 가지를 더 보탰는데, 그것은 바로 '나는 ~다'의 힘이다. 어떤 긍정적인 선언이든 '나는 ~다'를 추가하면 효과가 한층 커진다.

지금도 우리 집 거실과 침실 벽에는 날마다 스스로 되뇌는 문구들이 붙어 있다. 낮 동안에 내 잠재의식은 벽에 붙은 문구들을 보고 또 보며 마음속 깊이 새긴다. 그중에서도 내가 가장 중요하게 생각하는 문구는 다음과 같다.

"나는 온전하다."

"나는 건강하다."

"나는 행복하다."

"나는 부자다."

"나는 남을 잘 돕는다."

규모가 큰 프로젝트를 진행할 때면 이 다섯 문장을 하루에 100번 넘게 중얼거리기도 한다. 바보처럼 보일 수도, 시간 낭비처럼 보일 수도 있지만, 자기 마음을 통제할 수 있다면 자기 인생도 통제할 수 있음을 생각해보라.

당신 마음은 대부분 시간 동안 사실상 잠재의식 상태에 있다. 잠재의식을 의식해보면 알겠지만, 사실 잠재의식은 매우 방어적이다. 당신이 자기 마음에 집중하고자 할 때 잠재의식은 24시간 체제의 보안 요원처럼 행동하면서 타당한 이유 없이는 어떤 것도 발을 들여놓지 못하게 한다.

그러니 긍정 선언을 통해 잠재의식을 한껏 고양하는 일은 매우 중요하다. '나는 ~다'를 지속해서 하다 보면 잠재의식의 힘이 깨어난다. 또한, 나는 이 선언을 앞서 살펴본 바와 같이 다섯 가지로 제한함으로써 집중력을 극대화하고 의미 있는 결과를 더 빠르게, 더 많이 성취할 수 있음을 깨달았다.

첫 번째로 "나는 온전하다"라는 문구를 살펴보자. 이 문구는 몸과 마음에 아무런 장애도 없는 온전한 사람이라는 사실에 진심으로 감사하며, 이런 상태가 앞으로도 계속 이어지길 바라기 때문에 선택했다. 신체적인 문제를 가진 사람들도 있고, 불안과 우울, 자신감 부족 등과 같은 정신적인 문제를 가진 사람들도 있다. 나에게도 우울증과 편집증, 불안에 시달리며 고통스러워하던 시절이 있었다. 그러나 지금은 괜찮다. 이런 점을 일부러 의식하고 고맙게 여기려고 한다. 또 스스로의 행동에 대해 불평하거나 변명할 권리가 없고, 도움이 필요한 사람이 있으면 도와야 한다는 사실을 당연하게 받아들인다.

두 번째 문장은 "나는 건강하다"다. 이 문구는 몸이 아프면 어떤 것도 즐거울 수 없다는 뜻에서 아주 강력한 영향력을 지닌다. 운동과 균형 잡힌 식단은 내 생활에서 무엇보다도 중요하다. 건강에 초점을 맞추면 인생의 다른 여러 목표에 집중하기가 한결 쉬워진다는 사실을 직접 확인했기 때문이다.

세 번째는 "나는 행복하다"다. 이 문장은 성공에 앞선 본질적인 선언이다. 행복하고 긍정적인 외양을 갖추려면 자기 마음을 거기에 맞게 설정해야 하기 때문이다. 그래야 삶 속에서 행동하고 누리는 모든 것을 즐길 수 있다. 행복한 상태에 초점을 맞추면 우리는 한층 더 생산적으로 바뀌며, 더 많이 감사할 줄 알게 되고, 새로운 여러 경험에 더 개방적으로 바뀐다.

네 번째 문장은 "나는 부자다"다. 앞에서도 말했듯이, 자기가 원하는 것을 선언으로 마음속에서 먼저 만든 다음에야 비로소 실제 현실에서 이룰 수 있다. 자기 믿음의 한계를 미리 설정한다든가 자신을 의심한다든가 하는 일에서 벗어나서, '부자가 된다'는 개념을 먼저 마음으로 받아들일 필요가 있다. 잠재의식이 한 점의 의혹이나 제약 없이 진실이라고 받아들일 때까지 선언을 반복해야, 비로소 우리는 부자가 될 수 있다. 잘 생각해보라. 우리가 사는 세상에는 부가 넘쳐난다. 당장은 믿지 못하겠지만, 부를 받아들일 올바른 마음 상태를 가지기만 하면 누구든 부자가 될 수 있다.

마지막 선언은 "나는 남을 잘 돕는다"다. 도움이 필요한 사람에게 아무런 대가도 바라지 않고 도움의 손길을 내미는 순간의 감정보다 더 위대한 느낌은 없다. 도움이 필요한 사람을 돕는 데는 큰 노력이 들지 않는다. 도움이 필요한 사람은 곳곳에 많다. 아주 조금만 수고를 들이면 금방 찾을 수 있다.

이 다섯 가지 선언은 나에게 가장 중요하며 내가 인생을 살아가면서 계속 지켜나가고 싶은 덕목들이다. 묻고 싶다. 당신만의 다섯 가지 선언은 무엇인가?

나는 다섯 가지 선언을 늘 되뇌고 실천하는 습관을 들였다. 이렇게 내 마음과 영혼과 믿음을 끊임없이 설계함으로써, 나 자신에게 동기를 부여해왔다. 물론 그동안 인생 여정의 오르막길도 걸었고 내리막길도 걸었으며, 때로는 몇 주씩 선언하기를 실천하지 않은 채 그냥 보내기도 했다. 하지만 그럴 때마다 초심을 잃지 않으려고 다시 예전 마음으로 돌아와 다섯 가지 선언을 되뇌고 실천하려 노력했다.

회사의 대표가 된 지금도 나는 이 방법을 사용하곤 한다. 직원들의 실적이 부진하거나 생산성이 떨어질 때면 그들에게 새로운 목표를 설정했는지, 그달에 자신이 설정한 목표를 다시 한번 바라보면서 되뇐 적이 있는지 묻는다. 또 현재 책을 읽고 있는지, 읽는다면 무슨 책을 읽는지 묻기도 한다. 그런 다음에 목표를 이루기 위한 선언을 추려보았는지 묻는다. 대개 직원들은 이런 목표 지향적인 질문을 받으면 다시금 자신을 돌아보고, 더 나은 결과를 얻고자 애쓰게 된다.

초기 단계에는 목표를 최대한 명확히 하기 위해 조금 독특한 방법을 쓰기도 했다. 손바닥에 최고의 영업 사원을 뜻하는 'Best Salesman'의 'BS'를 쓰고 눈에 띌 때마다 "나는 푸껫 최고의 영업 사원이다"라고 스스로 되뇌었다. 당신도 이렇게 할 수 있다. 어디에서 무엇을 하든 선언과 목표를 상기하는 데 도움이 되는 작은 단서들을 마련해두자. 그렇게 자신을 계속해서 프로그래밍해보라. 반드시 효과가 있다.

- 원하는 것이 현실에서 이루어지도록 하려면,
- 당신의 미래를 마음속으로 그려라.

**CHANGE 4**

# 마음의
# 소리에
# 집중하라

내가 처음 소유한 회사는 부동산 중개 회사였다. 부동산 사무소에서 몇 년 동안 영업 사원으로 일하면서 모은 돈으로 직접 부동산 중개 회사를 차렸다. 마침내 나는 어엿한 사장이 되었다. 성공할 자신이 있었다. 부동산 분야에서 장차 엄청난 성공을 거두는 길로 나아가리라고 마음속에 새겼다. 하지만 작은 회사라 하더라도 회사를 운영하는 데에는 배워야 할 일이 차고 넘쳤다.

개업하고 여러 달 동안 어려웠다. 손님이 별로 없었고 매출도 변변찮았다. 하지만 그 와중에도 사무실 임대료를 내야 했고, 마케팅 비용을 지출해야 했으며, 직원 두 명에게 급료를 줘야 했다. 결국 돈이 모자라서 여기저기 돈을 빌리기 시작했다. 또 한 차례 나락으로 떨어지고 있었다.

계속해서 돈을 충분히 벌지 못했고 빚이 점점 늘어갔다. 사무실 임대료가 두 달 치나 밀렸다. 직원들에게 봉급을 줄 돈도 없었다. 건물주는 다른 사람에게 임대하겠다며 사무실을 비우라고 했다. 어쩔 수 없이 은행에 가서 파산 신고를 했다. 최악의 사업 실패를 겪은 것이다. 직원들에게 회사 문을 닫아야 하며 밀린 봉급을 줄 수 없게 되었다고 말해야 했다. 모두 나를 믿고 의지했으며, 부양가족이 있는 가장들이었다. 그 무렵은 내 인생에서 손에 꼽을 만큼 힘든 시간이었다.

부동산 중개 회사는 공식적으로 문을 닫았다. 나는 다시 나 자신에게 물었다. 왜 이런 일이 일어났을까? 무엇이 잘못되었을까? 어떤 상황들 때문에 이렇게까지 되었을까? 어떻게 하면 다시 일어설 수 있을까?

내가 저지른 첫 번째 실수는 도심에서 멀리 떨어진 곳, 즉 고객의 발길이 없는 외진 곳에 사무실을 얻었다는 점이다. 공간이 넓고 임대료가 싸기 때문에 그곳을 선택했다. 처음부터 넓은 곳에서 시작해야 한다고 생각했다. 직원도 많이 채용하고 컴퓨터도 많이 들여놓아서, 사무실에 찾아온 고객에게 좋은 인상을 주고 싶었다. 그러나 얼마 지나지 않아 고객을 확보하기도 전에 규모를 확대하는 데 집중

체인저블

한 것이 실수였음을 깨달았다. 즉 마케팅이 먼저고, 좋은 인상을 주는 사무실 공간은 그다음이어야 했다. 고객이 없으면 매출이 없고, 매출이 없으면 수입이 없고, 수입이 없으면 사업을 유지할 수 없기 때문이다.

나는 실패의 이유가 무엇인지 적었다. 그러다 목표 설정을 중단했다는 사실을 깨달았다. 처음 회사를 창업한 이후 긍정 선언과 시각화, 명상이라는 일상적인 습관까지도 내팽개쳤다. 자기 계발 서적이나 오디오 테이프, 그 밖의 동기 부여가 되는 매체들을 더는 읽지도 보지도 않았다. 그러다 보니 내 인생에서 바라지 않는 모든 것들을 걱정하는 정신적 감옥에 갇혀버리고 말았다. 행복과 풍족함이 아니라 슬픔과 결핍에만 초점을 맞추었다.

그날 밤 펜을 들고서 내가 설정하는 목표와 바라는 바를 사소한 것부터 중요한 것까지 모두 하나씩 적었다. 다 적고 나니 시각화를 1년 가까이 하지 않았음을 깨달았다. 이것이 내 인생에 그렇게나 큰 충격을 주었단 말인가?

나는 뒷마당으로 나갔다. 그곳에는 낡은 의자가 예전 그대로 놓여 있었다. 그러나 1년 넘게 방치되어 비와 햇살을 고스란히 맞고 색이 바랜 채였다. 그 의자를 바라보는 순간, 문득 '나에게 그토록 큰 행복을 가져다준 모든 것을 무시하는 바람에 나 역시 의자처럼 색이 바래고 지쳐버렸구나!' 하는 생각이 들었다. 그래서 다시 명상하기 시작했다. 깊이 명상을 하고 나니 마음이 평온해졌다. 인생을 살면서 되고 싶고, 하고 싶고, 가지고 싶은 것이 무엇인지 한층 선명해지는 듯했다. 긍정 선언을 다시 적었으며, 자기 암시를 계속했다. 강력한 긍정 선언 문구를 적은 종이들을 다시 벽에 붙였다. 냉장고에도 붙였다. 그제야 나는 바라는 것들을 다시금 날마다 보기 시작했다.

번듯한 사무실도 없었고 직원도 없었지만, 내게는 아직 동네 쇼핑몰에 딸린 6제곱미터 넓이의 영업 공간이 남아 있었다. 아침마다 정원에 앉아 부동산 거래를 하고 싶은 고객들이 내 주변에 넘쳐나서 행복해하는 내 모습을 상상하는 것으로 하루를 시작했다. 아침에 하는 깊은 명상은 새롭게 잠에서 깬 열정으로 나를 가득 채워주었다. 이후 내가 살던 집의 재계약 시점을 두 달 앞두고부터 매출이 올라가기 시작했고 수입도 생겼다.

얼마 지나지 않아, 콘도미니엄 프로젝트 개발을 강력하게 권하는 매수자들과 투자자들이 생겼다. 모두 다 그동안 그들에게 높은 투자 수익을 안겨준 덕분이었다. 나는 그들의 요청에 당연히 "예"라고 대답했다. 부동산 개발업은 내가 오랫동안 시각화하던 목표였다.

## 성공 습관을 지속하려면

목표에 집중하지 못하면, 위기가 인생에 그림자를 드리운다. 우리는 긴급한 문제를 처리할 때 자신의 내면을 살피기 전에 외부에 의지하

체인저블

곤 한다. 그러나 이는 스스로 불안이라는 짐을 보태는 일일 뿐이다. 실패할지도 모른다는 불안은 자기가 이루고자 하는 것과 멀어지게 만들며, 목표를 성취할 수 있다는 자신감을 망가뜨린다.

이러한 불안을 다스리려면 바로 자신의 내면에 집중해야 한다. 나는 문명에서 멀리 벗어나 이메일을 확인할 수도 없고 전화도 할 수 없는 자연 그대로의 오지에 며칠씩 머물기를 좋아한다. 스스로 여러 날 자리를 비워도 세상은 아무런 문제 없이 잘 돌아간다는 사실을 깨닫는 것이 내면에 집중하는 첫 번째 단계다.

휴식은 새로운 에너지와 일할 동기를 주며, 인생 자체를 사랑하는 법을 가르쳐준다. 우리 인간의 정신은 자연과 연결될 필요가 있다. 오늘날에는 사람들이 자연과 단절되어 자기 정신의 한 부분을 잃어버린 채 살아간다. 하지만 우리는 자연에서 왔으며 자연의 한 부분임을 잊지 말아야 한다. 자연에 가만히 귀를 기울이면, 자연이 말을 걸어오는 것을 알 수 있다. 생각에 푹 빠지고 싶을 때면 나는 언제나 자연을 찾는다.

일상 속에서 틈틈이 자기만의 시간을 가지는 것도 중요하다. 혼자 있다고 해서 외롭고 쓸쓸해야 한다는 뜻은 아니다. 세상에서 가장 중요한 존재인 자기 자신에게 집중해야 한다는 뜻이다. 사랑하는 사람을 자기 인생 안에 두는 것은 중요하지만, 그렇다고 해서 스스로 비참하다고 느끼면서까지 다른 사람을 자기보다 우선순위에 둬서는 절대로 안 된다. 그러니 날마다 온전하게 자기만의 시간을 가져보자. 명상하거나 산책하며 기분 전환을 하거나, 목표를 세우고 수정하는 데 이 시간을 써라. 날마다 일정하게 오롯이 자기를 위해서 시간을 써라. 마음을 평온하게 할 수도, 신체를 느긋하게 이완할 수도 있고, 다음에 성취하고 싶은 일에 집중할 수도 있다. 무엇을 하든 이 시간을 자기에게 유익한 것으로 만들어라. 불안이나 걱정이 당신에게 영향을 주도록 내버려둬서는 안 된다. 소진된 에너지가 재충전되고, 다음 단계로 나아갈 준비가 되어 있어야 한다.

이처럼 혼자 있는 시간을 가지는 것은 자기 돌봄self-care에 도움이 된다. 자기를 돌본다는 것은 자신이 살면서 이룩하고 싶은 것에 집중하는 데 탁월한 기술이라고 할 수 있다. 자기를 온전하게 사랑할 수 있는 사람이 다른 사람을 진정으로 사랑할 수 있다. 혼자서만 시간을 보낸다고 해서 이기적인 사람인 것도 아니다. 당신은 당신 자신에게 가장 열렬한 팬인 동시에 가장 강력하게 동기를 부여하는 멘토이기도 하다. 가장 중요한 사람인 자기 자신을 돌보고 자기가 온전하다는 사실을 느끼는 것은 매우 중요하다.

위기가 닥쳤을 때 고독을 즐기는 것 이외에도 중요한 일은 긴장을 풀고 무엇이 문제인지 직시하는 것이다. 사업을 하다가 위기가 닥치면 누구나 본능적으로 싸우려 들거나 혹은 도망치려 들거나, 둘 중 하나다. 이런 모습은 자연에서 온 모든 동물의 행태와 별반 다르지 않다. 어떤 거래가 예상과 달리 잘못 돌아가면 우리는 곧바로 스스로 묻는다. "여기에 맞서 싸워야 하나, 아니면 도망쳐야 하나?"

매출액이 감소하거나, 직원이 말썽을 부리거나, 경쟁 업체들이 시장을 슬그머니 잠식한다고 생각해보자. 또 세금 폭탄을 맞거나, 투자 자금 확보가 계획보다 저조하면, 해결책을 생각하기보다는 싸울지 아니면 도망칠지 둘 중 하나를 선택하는 데 초점을 맞추게 된다. 그게 편한 선택이기 때문이다.

투쟁이냐 도피냐 양자택일이 필요한 순간에 혼자서 생각하는 시간을 갖기는 무척 어렵다. 나는 이런 상태로 오랜 세월을 보낸 경험이 있기에, 이런 상황을 미리 피하는 데는 선수이며 나름대로 요령도 있다. 바로 긴장을 푸는 것이다.

하버드대학교 심신상관의학연구소Mind·Body Medical Institute를 설립한 허버트 벤슨 박사는 이를 두고 '이완 반응'이라는 용어를 사용했다. 이완 반응은 근육과 장기들이 느슨하게 이완되며 뇌로 향하는 혈류가 증가하는 신체 반응을 일컫는다. 이 반응은 위급 상황을 감지하여 투쟁할 것인지 도피할 것인지를 결정하기 위한 생리적 흥분 상태인 '투쟁-도피 반응'과는 정반대다. 이완 반응은 기본적으로 깊은 이완의 한 형태로서 부교감 신경계를 활성화한다. 이는 시각화, 명상, 긍정 선언, 호흡 기법, 요가 등을 통해서 연습할 수 있다.

벤슨 박사는 1960년대부터 1970년대까지 수많은 연구를 통해 스트레스 호르몬들의 통상적인 분비가 심혈관계 질병, 소화기계 질병, 부신 피로 증후군 등을 포함한 여러 질병의 원인임을 보여주었다. 반대로 이완 반응을 정기적으로 훈련하면 불면증이나 고혈압 등

스트레스로 인한 건강 문제를 줄일 수 있다는 사실도 입증했다.

부를 향한 여정에 위기가 닥치는 건 어찌 보면 당연하다. 목적한 대로 실현되지 않는다고 해서 좌절하거나 불안해하기보다는 홀로 깊이 생각하는 시간을 갖고 스스로에게 여유를 허락해야 한다. 무조건 앞으로 나아가기보다 자기 자신을 돌아보는 시간을 갖도록 하라.

- 실패는 정신을 단련시키는 동시에 교훈을 준다.
- 실패에서 얻은 교훈을 적용할 때 성공은 찾아온다.

•

생각은 현실이 된다.
마음속에서 어떤 것을 보면
당신은 곧 그것을 손에 쥐게 될 것이다.

밥 프록터

•

제2장

부를
창출하는
원리를
이해하라

✴
✴

# CHANGE 5

# 인생을
# 반전시키는
# 축하의 기술

태국에 도착하기 전의 기억에는 대부분 어둠만이 자리 잡고 있다. 나는 올바른 길로 가기 위해 길거리 불량배 무리에서 떠나려고 노력했다. 다시 말해, 내가 알던 길거리의 익숙함을 버리고 떠나왔다. 비록 좋지 않은 소속감이긴 했지만, 어딘가에 속해 있다는 안정감을 버리고 태국으로 떠나온 것이다.

학창 시절, 뒷골목에서 싸움에 이기면 친구들은 환호성을 보냈다. 나는 내가 행사한 폭력이 어떤 결과를 낳았는지 바라보며 짜릿함을 느꼈다. 그 느낌을 긍정적으로까지 받아들였다. 그것이 한동안 길거리 패거리의 일원으로 충성을 다하며 산 이유이기도 하다. 그 잘못된 충성이 사실은 나를 죽이는 일이었음에도 말이다.

스톡홀름의 텔레마케팅 회사에서 일하는 동안, 절대적으로 혼자임을 느꼈으며 나라는 인간이 가진 가치를 느낄 수 없었다. 내가 어떤 거래를 해낼 때면 언제나 나보다 더 멋진 거래를 이루고 칭찬을 받는 다른 사람이 있었다. 보너스는 언제나 실적이 좋은 몇몇 사람에게만 돌아갔으며, 나머지 사람들은 전혀 인정받지 못했다. 그 회사에서는 실적 좋은 사람들만 능력을 인정받았고, 실적 나쁜 사람들은 퇴사를 종용받았다. 나를 포함한 어중간한 사람 몇몇은 투명 인간 취급을 당했다.

앞에서 말했듯이, 나는 텔레마케팅 일자리가 너무 싫어 자주 지각을 했고 그러다가 결국 해고되었다. 그 후로는 우울증과 피해망상에 사로잡혀서 아파트 현관문 문구멍으로 바깥을 살피는 데 집착했다. 내가 느낀 불안감과 우울함이 순전히 그 일자리 때문이었을까? 아니다. 궁극적으로 모든 책임은 나에게 있었다. 하지만 한번 생각해볼 필요는 있다. 나 자신을 투명 인간으로, 또 얼마든지 다른 사람으로 대체할 수 있는 보잘것없는 인간으로 느끼게 만든 것은 그 일자리 자체가 아니었을까?

체인저블

## 작은 성과도 축하하면 더 큰 보상이 따른다

지금 나는 부동산 회사부터 피트니스 클럽과 커피숍에 이르기까지 전혀 다른 유형의 사업체 열아홉 개를 운영하고 있으며, 직원을 모두 합치면 몇백 명이다. 여기까지 오는 동안 여러 번 대단한 성공을 경험했다. 내가 거둔 성공의 많은 부분은 자기 자신의 존재가 다른 어느 누구와도 대체할 수 없다고 느끼는, 자신감으로 가득한 직원들로 구성된 팀들을 구축했기에 가능했다.

스톡홀름의 텔레마케팅 회사에서는 'ㅇ월의 우수 직원'이니 '판매왕'이니 하는 이름으로 개인 포상을 했다. 이런 보상 체계는 언제나 나를 포함한 나머지 직원들의 사기를 꺾었다. 경영진은 계속해서 높은 성과를 내는 직원들만 소중하게 여겼다. 팀별 실적이라는 것도 없었고, 최고 실적을 올리는 사람을 옆에서 지원한 사람들도 인정해주지 않았다. 결국 좋은 사람들이 일을 그만두고 회사를 떠나는 모습을 지켜봐야 했다. 나처럼 사기가 떨어져 계속해서 낮은 실적밖에 올리지 못하는 사람들도 많았다. 나는 그 일을 되돌아보면서 개인이 아니라 팀이 중요하다는 사실을 배웠다. 사람은 누구나 인정받을 자격을 충분히 가지고 있으며, 경영자로서 이를 깨닫게 해주는 일도 중요하다는 것을 알게 되었다.

물론 모든 승리에는 당연히 축하가 뒤따라야 한다. 일부러 시간을 내어 스스로 자신이 거둔 성공을 만끽할 때, 긍정적인 정신은 곧바로 고양되고 부정적인 의심은 사라진다. 성취를 거둘 때마다 파티를 열 필요는 없지만, 적어도 자기가 성취한 일에 대해 스스로 토닥이며 미소를 지어줄 필요는 있다.

10대 시절과 푸껫에서 보낸 몇 년 동안, 나는 완전히 다른 차원에서 나 자신을 축하했다. 스톡홀름에서는 밤마다 파티를 열어 인생을 축하하며 즐겼다. 다음 날 내가 체포되어 감옥에 있을지, 과연 살아 있기나 할지 알 수 없었기 때문이다. 돈이 있으면 있는 대로 술을 사 마셨고, 시간이 있으면 있는 대로 친구들과 어울렸다. 심지어 태국에 와서 처음 호텔에 고용되어 관광객에게 전단을 나누어주는 일을 할 때도 그런 생활을 유지했다. 얼마 되지 않는 돈을 벌어서는 비슷한 인생관을 가진 동료들과 어울려 파티를 벌이고 노는 데 탕진했다. 친구들이나 동료들과 가끔 한 번씩 이런 식으로 즐기는 것은 괜찮다. 그러나 일상적인 습관으로 굳어지거나 그렇게 재산을 탕진하는 축하의 방식이 인생의 중요한 목표가 되어선 안 된다.

과거의 나와 같은 방식이 아니라면, 축하할 일이 있다면 가급적 혼자보다는 다른 사람들과 함께 축하하는 것이 좋다. 축하하는 일에 언제나 열정을 보여라. 주변에서 벌어지는 모든 일은 당신이 생각하는 것보다 더 중요하고 더 재미있다. 너무 진지하게 굴지 말고 여유를 가져라. 그러면 당신 주변에 있는 사람들도 모두 여유를 느낄 것이다.

경영자로서 직원들이 팀워크를 쌓을 색다른 기회를 제공하는 것도 중요하다. 영업팀이 기록을 갈아치우거나 목표를 달성하면 축하 행사를 기획해보자. 팀을 구성하여 행사 계획을 짜고, 승리의 순간과 팀워크를 즐기자. 함께 힘을 합쳐 어떤 성취를 이뤄냈을 때 느끼는 감정은 개인의 차원을 훌쩍 넘어선다. 이럴 때 사람들은 혼자보다 여럿이 함께 축하하는 게 더 즐겁고 더 고무적임을 깨닫는다.

꼭 큰 성과를 거두지 않았더라도, 일상의 작은 것들에 축하하고 감사하는 일 역시 중요하다. 생활 속에서 성취감을 느낄 만한 것들을 찾아보자. 가령 레시피를 보고 요리를 만드는 데 성공했거나, 일터에서 하루의 일을 문제없이 잘 마무리했거나, 새로운 사업 관계의 물꼬를 텄거나 하는 작은 성과들이 있다. 이럴 때는 자기 자신에게 축하의 말을 건네자.

직원이 생일이나 결혼기념일 등 개인적인 경사를 맞았을 때도 축하하라. 직원 한 사람 한 사람이 어떤 삶을 살아가는지 알고, 조직이 거둔 성공만이 아니라 모든 개인이 일상에서 거둔 성공도 축하하라. 축하의 규모는 상관없다. 단지 성취한 사실만 언급하며 칭찬할 수도 있고 축하 파티를 열 수도 있다. 중요한 것은 직원들과 정서적인 경험을 공유하고, 모든 사람이 함께 즐길 수 있는 계획을 세우는 일이다.

축하는 개인의 발전에 긍정적인 영향을 미친다. 하버드대학교 비즈니스 스쿨의 테레사 애머빌 교수는 일곱 개 기업의 직원 238명의 업무 일지 내용 1만 2000개를 분석했는데, 이 연구를 통해서 밝

혀진 사실이 매우 흥미롭다. 날마다 자기 실적을 일지에 적은 직원들은 그렇지 않은 직원에 비해 확실히 동기 부여의 수준이 높아진 것이다. 애머빌 교수는 아무리 작은 일이라도 자신이 성취한 내용을 기록하는 행위는 자신감을 높이고, 성장하고자 하는 욕구를 불러일으킨다고 설명한다. 자신감은 실패에 대한 두려움을 없애고 자신의 목표를 달성하는 데 매우 중요한 요소다.

이 연구 결과는 아무리 작더라도 스스로 성취를 인정할 때 우리 뇌의 보상 체계가 활성화된다는 사실을 보여준다. 뇌에서 여러 호르몬을 방출해 성취감과 자부심을 더욱 크게 느끼게 해주는 것이다.

잠시 책을 덮고 오늘 하루 자신의 일상에서 축하할 만한 일을 떠올려보자. 아무리 작은 것이라도 괜찮다. 그 사소한 일이 당신의 내일을 바꿀지도 모르니 말이다.

- 작은 목표를 달성하더라도 축하하고 좋은 기분을 만끽할 필요가 있다.

체인저블

# CHANGE 6

# 나눠야만
# 얻을 수 있다

우리는 대부분 주는 것이 받는 것으로 이어진다는 사실을 알고 있다. 존 그레이, 잭 캔필드, 토니 로빈스 같은 성공 전문가들은 '끌어당김의 법칙'이 자기가 가진 걸 남에게 나누어주는 데에도 적용된다고 가르친다. 하나를 주면 나중에 열 배로 돌려받는다는 것이다.

나 역시 어떤 것을 세상에 보내면 세상은 나중에 열 배로 되돌려준다는, 이 법칙을 믿는다. 그런데 많은 사람이 이와 정반대로 행동한다. 사실 내가 가진 것을 남에게 주는 나눔의 행동은 정신적인 의무나 책임감을 느끼고 돈이 필요한 사람에게 기부하는 것처럼 아

주 단순하다. 나는 이 나눔 행동이 '울림이 있는 나눔vibrational giving'
이라는 형태로 이루어져야 한다고 믿는다. 여기에는 어떤 차이가 있
을까?

사람들은 보통 '십일조'라는 방식으로 나눔을 하곤 한다. 이는
나눔의 전통적인 방식이다. 대부분의 종교는 수입의 10퍼센트를 신
에게 '예물' 형태로 내라고 가르친다. 이 방식은 몇백 년 동안 잘 통
해왔다. 조 비테일 역시 수입의 10퍼센트를 자신에게 정신적 영양을
제공하는 곳에 내라고 말한다. 그 대상이 택시 기사일 수도 있고, 식
당 종업원일 수도 있고, 길거리에서 우연히 만나 나에게 용기와 희
망의 말을 전해주는 사람일 수도 있다. 물론 사람이 아니라 기관이
나 조직이 대상일 수도 있다. 다른 사람들에게 자기가 가진 것을 나
누어주고자 하기만 하면 된다.

또 다른 나눔은 '책임이나 의무를 기반으로 한 나눔'이다. 우
리는 일종의 책임감이나 의무감을 느끼면서, 토이즈 포 토츠Toys for
Tots미 해병대가 운영하는 자선 프로그램으로 크리스마스 시즌에 불우 아동에게 장난감
을 기부한다•옮긴이, 걸스카우트, 적십자 등과 같은 자선 단체나 운동
단체, 영향력을 행사하는 조직 등에 돈이나 시간을 기부한다. 사람
들은 자기가 찬성하는 어떤 대의라면 마땅히 지지하고 지원해야 한
다고 느낀다. 그렇지만 이것 역시 내가 믿는 나눔의 실천 방식은 아
니다.

마지막으로 '울림이 있는 나눔'이 있다. 이것이야말로 서른다

섯 살이 되기 전에 나를 억만장자로 만들어준 특별한 나눔의 방식이다. 나는 가진 것을 남에게 나누어줄 때 스스로 느끼는 감정에 초점을 맞춘다. 나눔을 통해 얻는 감정은 다른 일반적인 감정보다 훨씬 더 중요하다. 만약 어떤 행동을 하면서 증오를 느낀다면, 나중에 증오를 경험하게 될 어떤 끌어당김의 장場을 만들어나가는 셈이다. 반대로 어떤 행동을 하면서 사랑을 느낀다면, 나중에 사랑을 돌려받는 어떤 원리가 생긴다. 문제는 사람들이 돈을 나누어주면서 오로지 돈을 다시 돌려받길 기대한다는 데 있다. 물론 그런 일이 생길 수도 있지만, 효과가 제한적이다. 돈보다 더 좋은 어떤 것이 준비되어 있을지도 모르기 때문이다.

울림이 있는 나눔의 예를 들어보겠다. 한번은 친구 데이비드와 함께 쿨어스Cool Earth라는 단체에 낼 기부금을 모으려고 14일 동안 인도를 돌아다녔다. 쿨어스는 남아메리카 우림 지역을 매입해서 이곳 삼림을 벌목하지 않고 보존하려는 단체다. 데이비드와 나는 인도 북부 지역을 횡단했는데, 이때 관광객을 한 번도 본 적이 없는 사람들이 있을 정도로 가난한 여러 도시와 마을을 지나갔다. 그들에게 우리는 그야말로 신기한 구경거리였다. 대머리에 백인인 영국인(데이비드)과 라틴계로 보이는 남자(나)가 수작업으로 개조한 전동 릭샤를 타고 마을을 돌아다녔으니 말이다. 릭샤는 툭하면 고장이 나서 멈췄는데, 그럴 때마다 금방 마을 사람들이 달려와서 여기저기 살펴보고 고쳐주곤 했다. 도움을 받을 때마다 우리는 지갑을 꺼내서 수

고에 보답하려 했지만, 그 사람들은 매번 손을 내저었다. 그들은 순수한 인간애와 친절한 마음으로 우리를 도왔다. 내가 만나본 사람들 가운데서 가장 우호적이고 도움의 손길을 잘 내미는 사람들이었다. 그들은 울림 있는 나눔의 선두 주자나 다름없었다. 진심으로 감정을 나누고 베풀었다.

나는 누군가에게 "좋은 하루 보내세요!"라고 인사할 때 그 사람이 좋은 하루를 보내길 진심으로 기원한다. 그런데 사람들은 보통 그 말에 진심을 담지는 않는다. 감정 없이 하는 말은 기계적인 인사일 뿐이고, 결국 죽은 말이다. 내가 "좋은 하루!"라고 인사하면서 그 말에 담는 감정은 사랑이다. 사랑의 감정을 그 사람에게 보내는 것이다. 돌려받는 형태가 어떤 프로젝트에 대한 반가운 소식이거나 수익이 보장되는 기발한 아이디어나 새로운 연결점, 다른 축하할 만한 어떤 일일 수도 있겠지만, 내가 주는 것은 사랑이고 돌려받는 것도 사랑이다.

돈을 나누어주면서 황홀감을 느낀다면, 황홀감이 담겨 있는 어떤 것을 보답으로 받게 된다. 돈이라는 형태로 되돌아올 수도 있지만, 돈 이상의 의미를 지닌다. 특정한 감정을 실어서 어떤 것을 남에게 주면, 바로 그 감정을 받게 될 것이다. 적어도 열 배로 불어난 감정 말이다.

나는 이런 방식으로 처음 100만 달러를 벌었다.

태국에서는 생일을 맞은 사람이 선물을 받지 않는다. 생일을 맞은 사람이 오히려 다른 사람들에게 선물한다. 처음 이런 사실을 알았을 때 신기하고 놀라웠다. 나는 곧바로 그런 관습을 울림 있는 나눔의 형태로 실천하기로 했다.

매우 오래전, 생일을 맞아 태국에 있는 보육원을 방문했다. 보육원에는 어린이 에이즈 환자가 많았다. 그 보육원은 정부 지원을 전혀 받지 못했고 운영에 어려움을 겪었다. 장난감을 잔뜩 선물로 사 갔지만, 그것 말고 다른 방식으로도 돕고 싶었다. 그래서 보육원 건물과 방을 깔끔하게 새로 칠해주기로 약속했다. 돈은 한 푼도 받지 않았고 그저 그들을 돕는다는 사실 자체에서 커다란 기쁨을 느꼈다.

언제나 100만 달러를 가지는 상상을 하긴 했지만, 그때는 그런 일이 어떻게 일어날지 전혀 알지 못했다. 보육원에 갔을 때 '지금 돈을 쓰면 나중에 100만 달러가 되어서 돌아오겠지'라고 생각한 것도 아니다. 그저 아이들을 도우면 내 기분도 좋아지리라고만 생각했다.

사람들을 고용해서 보육원 건물을 일부 수리하고 도색을 새로 하는 데 8만 달러 정도를 썼다. 당시 내 월수입의 4분의 1 정도가 되는 금액이었지만, 그 돈을 쓰는 게 전혀 마음에 걸리지 않았다. 그저 기분이 좋기만 했다. 계산에 따른 행동이 아니었다. 돌려받을 생각을 하면서 준 게 아니었다. 그저 기분 좋다고 느끼는 어떤 일을 했을 뿐이며, 나중에 이로 인해 어떤 좋은 일이 일어나기를 막연하게 기대했다. 그렇지만 그 기대 속에서 돈은 중심이 아니었다. 그저 내가 한 일이 긍정적인 결과를 낳았으면 좋겠다는 감정을 확인하고 인정하고 싶었을 뿐이다.

그런데 몇 주 뒤, 좋은 거래 하나가 성사되었다. 나에게 떨어지는 수수료만 해도 100만 달러가 넘는 거래였다. 정확하게 말하면 108만 달러쯤 되었다. 그러니까 100만 달러를 얻었을 뿐만 아니라 보육원에 기부한 8만 달러까지도 고스란히 돌려받은 셈이었다.

보육원을 도울 때 느낀 '기분 좋음'이라는 감정은 여러 배로 불어나 '엄청나게 기분 좋음'으로 돌아왔다. 나는 그 수표를 복사해서 액자에 넣어두고 지금도 날마다 바라본다. 과연 우연일까? 이런 일이 나에게 딱 한 번만 일어났다면 우연이라고 여길 것이다. 그러나 울림 있는 나눔의 결과로 이런 일은 여러 차례 일어났고, 그 효과를 수없이 확인했다. 그러니 당신에게도 분명 효과가 있을 것이다. 테레사 수녀는 이에 관해 다음과 같이 정확하게 표현했다.

"우리가 얼마나 많은 것을 하느냐가 아니라 그 일에 얼마나 많은 사랑을 담느냐가 중요하다. 또 우리가 얼마나 많은 것을 베푸느냐가 아니라 그 행위에 얼마나 많은 사랑을 주느냐가 중요하다."

## 나눔과 베풂의 기술

받고 싶은 것이 무엇이든 먼저 주어라. 울림 있는 나눔의 마음가짐을 적용하면서부터, 나는 성공을 차곡차곡 쌓으며 부자가 되기 시작했다. 나는 여전히 길거리에서 구걸하는 사람을 보면 지갑을 열어서 가지고 있는 돈 중 가장 고액권을 꺼낸다. 돈을 받은 사람의 미소 띤 얼굴은 나에게 커다란 기쁨을 준다. 나는 다른 사람이 내게 기대하는 것보다 더 많은 걸 주려고 한다. 받는 사람이 어디에 쓸지 상관하지 않는다. 도움이 필요한 사람에게 돈을 주면서 받는 이가 그 돈을 내가 생각하는 특정한 방식으로 사용하길 바란다면, 울림 있는 나눔을 실천하는 행동이 아니다. 도움이 필요한 사람이 내 도움을 받을 때 느끼게 될 기쁨과 행복에 집중하는 것이야말로 울림 있는 나눔을 실천하는 행동이다.

끌어당김의 법칙이 어떤 사람에게는 작동하고 어떤 사람에게는 작동하지 않는 이유가 바로 여기에 있다. 나눔을 실천하는 행동 뒤에 놓인 어떤 감정을 인식하느냐 하지 않느냐의 문제다.

당신이 추구하는 것이 돈이라면, 당신이 돕고자 하는 사람이 무엇보다도 먼저 돈을 벌 수 있게 도움을 줘야 한다. 당신이 바라는 것이 행복이라면, 상대방이 행복해할 수 있는 것을 발견하도록 도움을 줘야 한다. 당신이 바라는 것이 원만한 인간관계라면, 상대방이 하는 말을 경청하고 그를 진심으로 위해줘야 한다. 이렇게 하면 절대로 실패하지 않는다. 당신이 나누어준 것을 돌려받는 순간들에 대한 온갖 신호와 기호, 예감을 읽는 법을 배워야 한다. 울림 있는 나눔의 법칙은 재산을 끌어당기고 무제한의 기회를 열어주는 핵심 원칙이다.

불교의 실천 원리 가운데 한 가지가 바로 내가 가진 것을 남에게 줄 때 긍정적인 감정을 담는 데 초점을 맞추라는 것이다. 부처는 선물 자체보다 중요한 것은 선물에 담긴 의도와 마음가짐이라고 가르친다. 업보가 가져다주는 이득은 순수한 나눔이 있을 때 증폭된다. 순수한 선물은 적절한 시간에, 적절한 사람에게, 적절한 환경 아래에서 제공되며, 또한 정직한 수단으로 번 것이다. 순수한 의도를 담은 나눔은 연민을 담은 나눔이다. 배려하는 나눔이며 상대방에게 부정적인 영향을 주지 않는 나눔이다.

이처럼 거대한 긍정적 순환의 한 부분이 되는 것은 자기 자신이나 다른 사람들을 위해서 우리가 할 수 있는 가장 좋은 일이다. 이타적인 목적을 가지면 정신적인 건강과 육체적인 건강과 수명, 심지어 유전자에도 유리하게 작용한다는 많은 연구 결과가 있다.

한 가지 예를 살펴보자. UCLA의 연구자들은 에우다이모니아적 행복과 헤도니아적 행복을 나란히 놓고 살펴보았다. 여기서 에우다이모니아는 보통 '행복'이나 '복지'로 번역되곤 하는데, 여기서는 '인간적인 번성'이 좀 더 정확한 표현이다.

에우다이모니아적 행복은 개인의 자아실현에 초점을 맞추고 어떤 사람이 온전하게 기능하는 수준을 기준으로 삼아서 복지를 규정한다. 이와 달리 헤도니아적 행복은 자기만족과 쾌락, 고통 회피로 정의된다. 쇼핑하며 돈을 펑펑 쓸 때 느끼는 종류의 행복이라고 생각하면 된다.

UCLA의 연구자들은 행복 유형 두 가지를 유전자적인 변화와 연결해서 분석했다. 그 결과, 에우다이모니아적 행복은 염증 수치가 낮은 유전자, 그리고 항체 및 항바이러스 수준이 상대적으로 높은 유전자와 관련이 있음을 발견했다. 헤도니아적 행복은 반대였다.

우리가 느끼는 도취에 가까운 행복의 감정을 가리켜서 자원봉사와 복지 분야의 전문가이자 내과 의사인 앨런 룩스는 '봉사자의 희열'이라고 정의했다. 또 많은 연구자가 이타주의적인 행동을 생각하는 것만으로도 희열이 발생한다는 사실을 확인하기도 했다. 하버드대학교의 심장병 전문의 허버트 벤슨은 "다른 사람을 돕는 것은 자연적으로 배선된 신체적 감각을 경험하는 영역으로 들어가는 문이다"라고 말한다. 이처럼 봉사자의 희열은 다른 사람을 위해 선행을 베풀 때 나타난다. 즉 이 희열은 남을 돕는 사람을 위해서 자연이 마련한 고전적인 보상 제도인 셈이다. 나는 오랜 세월 건강하지 못한 방식으로 '희열'을 추구하다가 이 멋진 개념을 만나서는 곧바로 여기에 매료되었다.

나눔의 효과에 관한 놀라운 연구 결과가 더 있다. 2007년, 오리건대학교 연구진은 기부를 자발적으로 할 때와 억지로 할 때 나타나는 뇌 활성화 정도의 차이를 살펴보았다. 연구자들은 피실험자들에게 100달러를 주고는 각자 얼마를 가졌는지 또 얼마를 기부하는지 다른 사람들은 아무도 모른다고 말했다. 심지어 피실험자들을 등록하고 이들의 뇌 사진을 찍는 연구자들조차도 그런 내용을 알지 못했다. 피실험자들이 각자 어떤 선택을 하는지는 휴대용 메모리 드라이

브에 기록되었고, 피실험자들이 선택한 기부는 자선 단체로 전해졌다. 물론 자선 단체에서는 누가 기부했는지 알지 못했다.

그다음 자기 공명 영상 장치MRI가 피실험자들의 뇌 반응을 측정했다. 때로 피실험자들은 가진 돈 가운데 일부를 지역 푸드뱅크에 기부해달라는 요청을 받았으며, 때로는 피실험자가 가진 돈 일부가 피실험자가 승인하는 절차 없이 세금 형식으로 곧바로 푸드뱅크로 인출되기도 했다. 때로는 피실험자들에게 추가로 돈이 지급되기도 했으며, 또 때로는 피실험자가 기부하지 않았음에도 푸드뱅크가 돈을 기부받기도 했다.

그 결과 자발적으로 푸드뱅크에 기부한 사람들은 '온정 효과'를 경험했다. 이는 전혀 예상치 못한 일이었는데, 그 사람들의 경우에 행복감을 느끼게 해주는 화학 물질인 도파민을 분출하는 뇌 부위들, 즉 미상caudate과 중격의지핵nucleus accumben, 뇌섬엽insula이 활성화되었다. 이는 맛있는 음식을 먹거나 돈을 받을 때 반응하는 부위들이다. 사람의 신체가 남에게 무언가를 주면 기분이 좋아지도록 만들어져 있다는 사실이 그저 놀랍고 경이로울 뿐이다.

나눔은 결코 어렵지 않다. 자기를 사랑하고, 그만큼 남에게 사랑을 주기만 하면 된다. 당신이 원하는 게 돈이라도 마찬가지다. 다른 사람이 돈을 벌도록 도와주면 돈이 당신을 찾아오기 시작한다. 더 많이 도울수록 더 많은 돈이 돌아온다. 울림 있는 나눔의 법칙이 돈을 끌어당기는 가장 본질적인 원칙으로 꼽히며, 명상만큼이나 필수적인 이유도 바로 여기에 있다. 당신이 남에게 무엇을 주든, 그것이 크든 작든, 영감을 받은 대로 행동하고 당신이 올바르다고 느끼는 것을 주어라. 돌려받을 것을 기대하면서 베풀지 말라. 그저 좋은 감정을 가지고 자기가 가진 것을 남과 나누어야 한다. 당신의 모든 생각과 행동을 사랑이라는 감정이 지배하도록 하라. 사랑은 이 세상에서 가장 믿을 수 있는 강력한 감정이다. 자기 자신을 사랑하는 방법을 먼저 배우는 것은 인생의 의미를 찾는 것과 마찬가지로 중요하다. 사랑 자체를 인생의 목적으로 두어라. 사랑은 기쁨과 행복으로 가득 찬 나날들을 가져다준다.

기업가라면 특히 주목할 만한 한 가지 예가 더 있다. 컨설팅 업체인 그레이트 플레이스 투 워크Great Place to Work가 기업 몇백 개와 직원 38만 명을 분석해서 2018년 '고위 나눔 기업' 목록을 만들었다. 이 과정에서 직장 내 복지 문화가 잘 조성된 기업일수록 직원의 근속률도 높고 열정도 높다는 사실이 드러났다. 게다가 이렇게 나눔을 실천하는 회사의 직원들은 자기 업무에 대한 기대감이 그렇지 않은 회사의 직원들에 비해서 열세 배 넘게 높았다. 설령 당신이 울림 있는 나눔의 법칙을 지금까지 진심으로 신봉하지 않았으며 그것이 가져다주는 보상을 받은 적이 한 번도 없었다고 하더라도, 당신의 회사에 나눔의 문화를 불어넣는 것이 좋겠다. 이 방식의 유효성은 이미 입증되었기 때문이다. 내가 가진 것을 남에게 무료로 제공하는 것 자체가 좋은 사업이다.

언제나 다른 사람에게 무언가를 나누어줄 구실을, 다른 사람을 강하게 만들어줄 요소를 찾아라. 이에 대한 대가로 당신은 시도하는 모든 것에서 성공을 얻으리라. 자기가 하는 모든 행위와 모든 거래에서 공정해야 한다. 그러면 당신이 바라는 성공과 행복이 실현될 것이다.

이제 자기가 가진 것을 많이 나누면 나눌수록 더 많이 얻게 된다는 사실을 알았을 것이다. 그렇다면 자기가 가진 것을 더 많이 소비하면 어떻게 될까? 사실 돈을 쓰는 원리는 에너지와 관련이 있다. 모든 것은 에너지의 한 형태고, 에너지는 얼마든지 외부의 영향 아래에서 변형된다. 우리가 돈의 에너지를 바꾸는 방법은 돈을 쓸 때 가지는 감정에 따라서 달라진다. 돈을 남에게 줄 때는 나중에 열 배로 돌려받을 것을 안다. 마찬가지 원리가 돈을 쓰는 데도 적용된다. 돈의 에너지를 긍정적인 울림과 긍정적인 태도, 선善에 녹여낼 수만 있다면 말이다. 바로 이 마음의 틀을 가지고서 돈을 쓰면, 돈은 열 배로 불어나 다시 돌아온다.

돈을 쓰면서 이렇게 걱정한다고 생각해보자. '돈을 너무 많이 쓰는 게 아닐까? 어쩌면 그건 하지 말았어야 했는데, 괜히 했어. 이렇게 하는 게 올바를까? 그 돈을 나중에 돌려받을 수 있을까?'

이것은 전혀 다른 프로세스다. 이런 걱정을 한다면 당신은 잘못된 울림을 보내게 된다. 행복과 평화와 감사를 느끼는 게 아니라 걱정과 공포를 느끼기 때문이다. 걱정하는 마음으로 돈을 쓴다면 무언가를 받을 기회, 다시 말해서 축복받을 기회를 잃어버린다. 잘못된 의도나 목적을 가지고 기부하는 사람은 아무런 유용한 대가도 얻지 못한다.

자기가 가진 돈을 남에게 주거나 소비할 때는 올바른 의도에 집중하라. 나중에 당신이 보답으로 무엇을 받게 될지는 세상이 알아서 고민하도록 내버려두어라.

- 나눌 때는 아무런 기대 없이 주어라.
- 그리고 언제나 진심을 다하라.

## CHANGE 7

# 감사하는 습관이
# 불러오는 일들

나는 시각화를 연습하면서 감사하는 마음을 어떻게 훈련하는지 배
웠다. 감사는 성공한 사람들 대부분이 권하는 강력한 개념이다. 감
사가 성공에서 필수 덕목이라면, 나도 그 사람들처럼 감사를 내 생
활에 적용해야만 하는 이유와 방법을 올바르게 알아야겠다고 마음
먹었다.

   내가 발견한 감사의 열쇠는 가지지 않은 것 대신 가진 것으로
초점을 바꾸는 방식이었다. 그 뒤로 모든 게 달라졌다. 어느 순간, 나
는 나에게 주어진 모든 것을 고마워하고 있었다. 날마다 감사하는

방법을 배우다 보니 기회로 통하는 많은 문이 저절로 열렸다.

생활 속에서 감사를 적용하는 방법을 연구하고 실천하자, 내 인생이 완전히 업그레이드되었다. 감사를 실천하기 시작한 건 노숙자로 살면서 부동산 회사 카탈로그를 나누어주고 다닐 때였다. 나는 내가 가진 모든 것에 대해서 감사하고 내가 가지지 않은 것에 대한 걱정은 딱 끊었다. 그러자 하루가 다르게 삶이 좋아지기 시작했다. 땡볕 아래에서 카탈로그 나눠주는 사람에서 영업 사원이 되었고, 영업 부장이 되었고, 나중에는 영업 이사가 되었다. 이 모든 일은 거의 2년 만에 이루어졌다.

가지지 않은 것 대신 가진 것으로 초점을 바꾸기란 스위치를 켜는 일만큼이나 간단했다. 감사하기를 실천하고 나니, 부족한 것에 초점을 맞출 때 가지고 있는 것의 소중함을 어떻게 놓쳐버렸는지 알 수 있었다.

나는 첫 번째로 방콕에서 푸껫까지 가는 항공권을 살 돈이 부족해서 버스를 타야만 했다는 사실 대신, 술에 취해서 정신없이 곯아떨어진 나를 짐칸에나마 태워서 데리고 온 버스 기사의 친절에 감사했다. 그다음으로는 음식을 사기에 턱없이 부족한 주머니 사정에 초점을 맞추는 대신, 나에게 날마다 쌀국수를 먹여주었으며 게다가 돈이 없을 때는 외상으로도 먹게 해주었던 친절한 쌀국수 가게 주인 아주머니에게 감사했다.

특히 쌀국수 가게 주인을 생각하면 할수록 점점 더 감사하는 마음을 가지게 되었다. 쌀국수 가게 주인은 태국 생활 초기에 가장 중요한 인물이었다. 그 가게에는 탁자가 네 개, 의자는 열두 개 있었다. 내가 찾아갔을 때는 대부분 손님이 없었다. 처음 쌀국수 가게를 드나들기 시작하고 공짜 쌀국수를 얻어먹을 때는 가게 주인이 거지 신세인 나를 불쌍하게 여긴다고만 생각했다. 당시 그런 내 형편을 몰라볼 리가 없었다. 때로는 몇 주씩 외상값을 갚지 않을 때도 있었지만, 주인은 변함없이 날마다 쌀국수를 내 앞에 내밀었다. 나에게는 두 번째 어머니였다. 내가 나중에 돈을 갚을 것이라는 아무런 보장도 없었지만, 그렇게 1년 가까이 나를 먹여주었다.

그러던 어느 날, 그 사람은 대가를 바라지 않고 남에게 나누어주는 것을 즐긴다는 사실을 깨달았다. 가게 주인은 늘 미소를 지으며 쌀국수 그릇을 건넸다. 처음에는 동정 어린 미소로만 생각했다. 그런데 내가 쌀국수값을 치를 돈이 없다는 사실이 아니라 그 사람이 기쁜 마음으로 나에게 베풀고 있다는 사실에 초점을 맞추자, 동정이 아니라 사랑을 받는다는 느낌이 들었다. 쌀국수 가게 주인은 아무런 조건 없이 자기가 가진 것을 나누어주는 게 얼마나 소중한지, 그리고 감사하는 마음이 행복과 성공에 얼마나 중요한지 일깨워준 첫 인물이었다. 내가 만나본 사람 중 가장 순수하고 친절한 사람이었다. 내가 살아 있는 동안에는 그분을 결코 잊지 못할 것이다.

안타깝게도 어느 순간엔가 우리는 연락이 끊겼다. 푸껫 시절 초기에 찾아가곤 하던 그 가게는 여러 해째 비어 있다. 그분을 보지 못

체인저블

한 지도 벌써 여러 해가 지났다. 그러나 해마다 1월 초에 쓰는 101가지 목표 가운데는 그분이 어디에 있는지 알아내서 멋진 쌀국수 가게를 열어주는 일이 포함되어 있다. 그렇게라도 해서 보답할 수 있다면 얼마나 좋을까. 나는 언젠가는 찾아올 그날을, 그리고 그분의 미소를 바라보는 내 모습을 상상 속에서 시각화한다. 그리고 감사의 힘을 상기할 필요가 있을 때마다 그분을 맨 처음 떠올린다.

자기가 가지지 않은 것 대신 가진 것에 초점을 맞추어야 함을 기억하는 일이야말로 감사하기의 핵심이다. 이런 정신적인 스위치를 일단 한번 켜보라. 그러면 감사해야 할 일이 얼마나 많은지, 그 감사의 깊이가 얼마나 깊은지 알고는 깜짝 놀랄 것이다.

내가 영원히 감사한 마음을 품고 있는 사람이 또 하나 있다. 나에게 『시크릿』을 보내준 스웨덴의 친구다. 그때 그런 일이 없었더라면, 지금 내가 어디에서 무엇을 하고 있을지 모른다. 재산을 끌어당기는 책을 쓰기는커녕 이미 죽고 없을지도 모른다. 그 친구에게는 정말 감사한 마음을 가지고 있다. 나는 친구가 보내준 책을 읽은 덕분에 많은 것을 성취했다. 그가 돈을 보내주길 거부하고 대신 책을 보냈을 때, 나는 처음으로 독립적인 인간으로서 나 자신을 개발하기 시작했다. 지금도 여전히 나에게 마르지 않는 기쁨을 주는 그 선물이 정말 고맙다.

# 감사의 마음을 실천하는 방법

감사의 마음을 드러내는 일은 쉽다. 식당에서 팁을 줄 수도 있고, 말로써 마음을 표현할 수도 있다. 누군가에게서 받은 친절을 갚으려고 다른 사람을 기꺼이 돕는 것뿐만 아니라, 자기가 얼마나 고마워하는지 보여주는 것도 감사의 마음을 드러내는 방법이다. 정성 들여 손편지를 쓰거나 전화를 해서 마음을 전하는 소소한 일로 마음을 드러낼 수도 있고, 높은 실적을 올린 데 대한 보상으로 여행 상품권을 주는 일로 마음을 전할 수도 있다. 감사는 여러 가지 모습을 띨 수 있지만, 노력이 전혀 들지 않을 수도 있다. 사실 "감사합니다"라는 한마디만으로도 충분하다. 단, 진심을 담아야 한다.

나눔과 마찬가지로, 감사 또한 여러 가지 긍정적인 효과를 가져온다. 심리에 관한 여러 연구에서 감사는 더 큰 행복으로 이어진다는 사실이 밝혀졌다. 감사의 효과로 사람들은 더 긍정적인 감정을 느끼고 좋은 경험을 즐기며, 자기 건강을 개선하고 역경을 헤쳐나가고, 다른 사람들과 강력한 인간관계를 맺는다. 감사를 연구하면 할수록 내 인생을 바꾸어놓는 데 감사가 얼마나 강력한 힘을 발휘하는지 새삼스럽게 깨닫는다.

2013년에 발표된 학술지《성격과 개인차Personality and Individual Difference》는 감사할 줄 아는 사람은 고통을 적게 경험하며 다른 사람들에 비해서 자기가 건강하다고 느끼는 비율이 높다는 사실을 보고 했다. 추가 연구에서는 감사할 줄 아는 사람은 자기 건강을 더 잘 챙기며, 운동을 더 자주 하고, 정기적으로 의료 검진을 받는다는 사실도 확인되었다.

감사를 포함한 건강 관련 연구 결과는 나도 실감할 수 있었다. 감사하기를 꾸준하게 실천하고 난 뒤로 실제로 내 몸이 예전보다 더 건강해졌음을, 육체적으로뿐만 아니라 정신적으로도 한층 강인해졌음을 느꼈다.

감사하기 분야의 선도적인 연구자인 심리학자 로버트 A. 에먼스는 감사하는 마음과 신체적·정신적 건강 사이의 연관성을 살피려고 여러 차례 실험했는데, 감사는 매우 큰 폭으로 행복감을 높이고 우울감을 낮춘다는 연구 결과를 얻기도 했다.

일상 속 감사하기의 중요성을 깨달았다면, 사업에서도 이를 적용해보자. 우선 두 가지 간단한 사실을 살펴보자.

첫째, 2014년 한 잡지에 실린 논문은 감사하는 마음이 운동 선수들에게 기록 향상에 꼭 필요한 자존감을 높여주었음을 확인했다. 둘째, 다른 여러 연구 논문들도 감사가 사회적 비교자신의 신념이나 능력, 태도 등을 타인과 비교하여 이를 토대로 자신을 평가하는 것·옮긴이를 줄여준다는 사실을 입증했다. 감사할 줄 아는 사람은 자기보다 돈을 많이 벌거나 자기보다 좋은 일자리를 가진 사람들에게 앙심을 품고 질투를 느끼기보다는 그 사람들의 성취를 높게 평가하면서 박수를 보낼 수 있다.

나는 영업 분야에서 일하면서 부동산 프로젝트를 진행하는 데 도움이 될 사람들과 가까운 관계를 만들었다. 이 과정에서 다른 사람에게 나와 함께 일하고 싶은 마음이 들도록 만들면 좋은 결과를 얻을 수 있다는 사실을 깨달았다. 그리고 다른 사람들이 내가 하는 일에 도움을 줬음을 인정하고 감사하면, 거기에서 다시 새로운 기회가 열리는 것을 알 수 있었다. 이 과정은 기하급수적인 성공에는 필수적이다. "고맙습니다"라는 아주 단순한 말 한마디는 감사하는 마음과 예의를 드러내는 데 충분하게 작용하며, 또 새로운 친구를 사귀는 것으로 이어진다고 밝힌 연구 논문도 있다. 여기에는 낯선 사람을 위해 문을 잡아주거나 동료에게 간단하게 '고맙습니다'라고 쪽지를 남기는 일도 포함된다.

감사하는 마음가짐의 스위치를 켜려면 어떻게 해야 할까? 첫 번째 단계는 내면에서 시작된다. 자기 자신에게, 즉 자기가 가진 재능과 자기가 성취한 것에 대해 감사하는 마음을 가져야 한다. 처음에는 내면적으로 감사하는 마음을 가지기 매우 어렵다. 자칫 이기적이고 자기중심적인 태도로 이어질 수 있기 때문이다. 또 자기 자신이나 자기 재능을 높이 평가하는 것에 이상하거나 불편한 느낌을 받을 수도 있다.

하지만 아무리 사소할지라도 감사하는 마음을 보일 수 있는 작은 것들이 일상 속에 널려 있다. 생각해보자. 아름답게 맑은 날씨, 햇살을 맞으며 걷는 출근길, 자주 가는 커피숍에서 본 행복해하는 바리스타, 우연히 들른 가게에서 기대하지 않았던 할인 찬스……. 셀 수 없이 많은 것들이 떠오를 것이다.

감사하는 마음을 가지기로 했다면, 이제 본격적으로 실천해보자. 먼저 하루에 10분 정도 감사하기를 실천할 시간을 선택하라. 하루를 돌아보면서 감사하는 마음을 경험하고, 잠재의식으로 녹아들 긍정적인 생각들을 머리에 담고 잠들기 위해서는 하루가 끝나는 시점에 시간을 내는 게 좋다. 가만히 앉아 다음 단계를 따라 해보자.

첫째 하루를 어떻게 보냈는지 생각해보자. 하루 동안 일어난 일들과 그 일들을 겪으면서 느낀 감정들을 떠올려보자. 그리고 내일 당신에게 일어날 일들을 생각하라.

둘째 감사하는 마음을 가질 수 있는 작은 것들에 초점을 맞춘다. 예를 들어 식당에 갔을 때 마침 좋은 주차 자리가 있었다든가, 아침에 마신 커피가 맛있었다든가, 누군가가 당신을 위해서 문을 열고 기다려주었다든가, 체육관에 가서 운동했다든가 하는 사소한 것들을 떠올린다.

셋째 감사하는 마음을 가질 사소한 것들을 모두 떠올렸다면, 그것들을 시각화하자. '내 앞에서 문을 열고 들어가던 사람이 고맙게도 문이 닫히지 않게 잡고 기다려주었다. 그 사람에게 감사한다. 오늘 내가 의지력을 발휘해 체육관에 갔다는 사실에 감사하고, 나에게 운동을 할 에너지가 있다는 사실에 감사하며, 스스로 최고의 인생을 살아갈 수 있도록 건강에 집중한다는 사실이 고맙다.'

넷째 인생에서 감사하게 여길 더 큰 것들에 초점을 맞추자. 특별한 인간관계, 중요한 사업적인 거래, 여행할 기회, 큰 문제가 없다고 나온 건강 검진 결과, 아이들, 새롭게 나타난 기회들 등이 있다.

다섯째 감사하는 마음을 가질 중요한 것들을 모두 떠올렸다면, 이를 다시 시각화하자. '나에게 소중한 가족이 있어서, 가족들에게 사랑을 표현하고 그들에게서 무조건적인 사랑을 받을 수 있으니 감사하다. 친구들이 나의 좋은 점을 칭찬해주고 그 덕분에 나도 내 장점을 볼 수 있어서 고맙다. 또 이번 거래에 감사한다. 내 회사와 직원들과 고객들에게 새로운 기회를 제시할 수 있다는 느낌이 얼마나 고마운지 모른다. 동료 직원들이 나와 전망을 공유하고, 내가 올바른 방향으로 그들을 이끌어서 모두가 함께 이겨나가도록 도와줘서 고맙다.'

여섯째 마지막으로 감사를 다시 한번 살펴보고, 지나간 하루에 대해서 당신이 감사하기를 실천하는 것이 어떤 느낌을 주는지 잠시 음미하라.

당신이 감사하는 마음을 이런 식으로 날마다 표현하면, 그에 대한 대답으로 감사할 만한 더 많은 일들이 일어날 것이다. 인생에서 모든 것이 다 감사한 일임을 깨달을 때, 우리가 이미 가지고 있는 것들 덕분에 우리 몸은 평화와 만족과 행복으로 가득 찬다. 자기가 가지지 않은 것을 추구하지 않고, 자기가 가진 것에 만족해보자. 이렇게 감사하기를 실천하면 이미 자기가 가진 것을 생각하며 느긋해지고, 평온하고 여유로운 마음으로 하루를 맞을 수 있다. 어렵지 않다. 크든 작든, 자기 인생에 있는 모든 것에 감사하라. 받는 것과 감사하는 데에 마음을 활짝 열어라.

- 감사하는 마음을 가지려고 의식적으로 노력하고,
- 언제나 감사하기를 실천하라.

제3장

# 변화의
# 가속도를
# 높여라

✳
✳

## CHANGE 8

# 될 만한
# 아이디어를
# 찾아라

2006년에 블레이크 마이코스키는 신발, 안경, 커피, 의류, 핸드백을 디자인하고 파는 회사 탐스TOMS를 설립했다. 그 과정을 자세히 살펴보자.

2006년, 아르헨티나에 휴가를 간 마이코스키는 그곳 폴로 선수들이 신은 알파르가타스를 보았다. 알파르가타스는 캔버스 천으로 만든 납작한 신발로, 계절에 상관없이 편하게 신는 샌들과 비슷했다. 그래서 마이코스키도 이 신발을 신기 시작했다(이 신발은 나중에 탐스의 신발 사업부 시제품이 된다).

그로부터 얼마 뒤, 부에노스아이레스 외곽에서 자원봉사 활동을 하던 마이코스키는 신발 없이 맨발로 거리를 달리는 아이들을 보았다. 마이코스키는 다른 사람들이 신발을 신지 못할 때 자기에게는 신발을 살 경제적인 여유가 있음을 감사하게 여겼으며, 또한 어린이가 신발도 없이 맨발로 다니는 안타까운 문제를 해결하겠다는 생각을 가슴에 뜨겁게 품었다. 감사와 사랑이 한마음으로 강력하게 결합한 것이다.

영감을 얻은 그는 알파르가타스 같은 종류의 신발을 개발해서 북미 시장에 내놓고 이 신발이 판매되는 수량만큼 아르헨티나를 비롯한 개발 도상국 어린이에게 무료로 나누어주겠다는 발상을 떠올렸다.

그다음 마이코스키는 마이크로소프트 설립자인 빌 게이츠에게 조언을 청했다. 게이츠는 아르헨티나에서 어린이가 질병에 걸리는 주된 요인이 신발 부족임을 확인시켜주며 마이코스키를 격려했다. 이후 그는 자기 아이디어를 곧바로 실행에 옮겨 신발 판매 업체를 창업했다. 처음에는 아르헨티나 신발 제조 업체에 250켤레를 만들어달라고 주문했다. 판매는 공식적으로 2006년 5월에 시작되었다. 신발 산업 분야에 아무런 경험도 없었기에, 이런 시도는 사업적으로 위험이 컸다. 그러나 그는 위험을 무릅썼다.

마이코스키가 차린 회사의 이름은 '내일Tomorrow'이라는 단어에서 시작되었는데, 이 개념을 발판으로 '내일의 프로젝트를 위한

체인저블

신발Shoes for Tomorrow Project'이라는 이념이 탄생했다. 이렇게 해서 탐스가 세상에 나왔다. 그는 사랑과 감사라는 긍정적인 감정들을 가지고 회사를 세웠으며, 의미 있는 긍정적인 변화가 일어나길 바랐다.

얼마 뒤,《로스앤젤레스 타임스Los Angeles Times》에 회사를 소개하는 기사가 게재됐고, 이후 주문이 폭주했다. 재고량의 아홉 배나 되는 주문이 밀려들었으며, 1년 만에 1만 켤레가 팔려나갔다. 그리고 1차분 무료 신발 1만 켤레가 2006년 10월 아르헨티나 어린이들에게 전달되었다.

첫해에 큰 성공을 거두자 마이코스키는 발상을 한층 더 확장했다. 2007년에 탐스는 '신발 없는 하루One Day Without Shoes' 캠페인을 시작했는데, 1년에 딱 하루만이라도 신발 없이 맨발로 다니는 경험을 하게 함으로써 신발이 어린이의 삶에 줄 수 있는 영향에 대한 경각심을 일깨우고자 하는 운동이었다. 이 행사에는 AOLAmerica Online, 플리커Flickr, 디스커버리채널Discovery Channel 등 유명한 기업이 후원했다. 2012년까지 탐스는 200만 켤레가 넘는 신발을 전 세계 개발 도상국 어린이들에게 제공했다.

2014년 6월, 마이코스키는 회사를 더 빠르게 성장시켜 장기적인 목표들을 달성하는 데 도움을 얻고자, 회사에 대한 자기 지분 일부를 매각하겠다는 명확한 목표를 설정했다. 이후 베인캐피털Bain Capital이 그의 지분을 인수했다. 지분 매각 과정에서 추산한 마이코스키의 재산은 3억 달러였다. 그는 탐스의 전체 지분 가운데 절반을 보유했으며 '최고 신발 기부 책임자Chief Shoe Giver'라는 직함을 가지고 있다.

마이코스키는 매출에서 나오는 수익 절반을 사회적인 나눔을 지향하고 기업가 정신을 지원하는 새로운 펀드를 만드는 데 사용할 것이라고 선언했다. 베인캐피털도 마이코스키의 투자에 적극적으로 함께할 것이며 신발 한 켤레를 팔면 한 켤레를 기부하는 정책도 계속하겠다고 밝혔다.

이 사례에서 중요하게 봐야 할 점은, 마이코스키의 머리에 번뜩이는 대담한 발상이 떠오른 후로 겨우 6년 만에 탐스가 시가 총액 6억 달러 기업으로 성장했다는 사실이다. 제품 하나를 판매하면 하나를 사회에 기부하는 탐스의 정책은 이제 많은 기업이 채택하는 충격 모델impact model로 자리 잡았다.

마이코스키의 아이디어가 성공한 데는 다음의 세 가지 이유가 있다.

첫째 멘토를 활용해서 자기 발상에 날개를 달고, 아이디어를 더 의미 있게 만들었다.

둘째 망설임 없이 곧바로 행동으로 돌입해서 최초의 제품 물량을 만들어내기 위해 아낌없이 투자했다.

셋째 자선과 투자라는 두 측면에서 모두 자기 생각을 점점 더 크게 확장함으로써, 작은 발상에 살을 붙이고 성장을 끌어올렸다.

사실 신발 자체는 대단한 발상이 아니었다. 기존에 있던 전통 신발을 모방해서 북미 대륙에 도입한 것뿐이다. 사업을 통해 맨발로 다니는 어린이들이 안고 있는 문제를 해결하겠다는 결심이야말로 그를 성공의 길로 이끈 대담한 발상이었다.

마이코스키의 아이디어는 계속해서 점점 더 커졌다. 고객이 탐스에서 신발 한 켤레를 사면 새 신발 한 켤레가 가난한 아이에게 돌아간다. 또 고객이 안경을 하나 사면 여기에서 나오는 수익의 일부는 개발 도상국 사람들의 시력을 보호하거나 회복하는 데 사용된다. 또한 탐스는 2014년에 탐스 로스팅TOMS Roasting Co.을 창업했는데, 커피를 팔아서 발생하는 수익 가운데 일부를 필요한 사람에게 깨끗한 물 140리터(한 가구가 한 주 동안 사용하는 식수에 해당)를 제공하는 데 사용한다. 이 활동에도 전문 NGO단체로 구성된 기빙 파트너 Giving Partners가 함께한다.

2015년에는 탐스 백 컬렉션Toms Bag Collection을 창업해서 산모의 건강 증진 운동에 자금을 지원했다. 이 회사에서 발생하는 수익 가운데 일부분은 숙련된 출산 도우미를 훈련하고 산모의 안전한 출산에 도움을 주는 여러 가지 출산 도구들을 나누어주는 데 사용한다. 고객이 가방 한 개를 구매할 때마다 도움이 필요한 산모를 돕는 구조다.

블레이크 마이코스키가 창업한 환상적인 회사는 좋은 발상 단 하나에서 비롯된 결과일까? 그렇지 않다. 애초의 계획은 수익을 사회에 환원하는 신발 회사였다. 마이코스키는 단일한 발상에서 시작해 여기 소개한 다양한 성공 원리들을 적용했다. 작은 발상을 점점 더 크게 발전시켰다. 나는 탐스가 일군 것들을 존경한다. 탐스는 생각을 크게 하면 거대한 성공이 뒤따른다는 사실을, 그리고 거대한 성공을 거둘 때 주변 사람들의 삶을 어떻게 개선할 수 있는지를 보여주는 완벽한 사례다.

## 작은 아이디어에서 시작된 큰 기회

크고 대담한 아이디어를 떠올리는 훈련을 함으로써 사업과 인생에서 무제한의 기회를 만들 수 있다. 맨 처음 떠오른 발상은 사소할지 몰라도, 그 생각을 점점 키워가면 큰 성공이 따라온다. 나는 부동산 사업을 하면서 어떻게 하면 고객과 만날 때 고객의 경험을 개선할 수 있을까 생각하다가 카페 시장에서 또 다른 사업을 일궜다.

부동산 업계에서는 보통 고객에게 커피와 가벼운 다과를 제공한다. 우리를 찾아온 고객이 배가 고프다거나 목이 마르다거나 해서 주의가 분산되지 않고 우리의 설명에 집중하기를 바라기 때문이다.

어느 날, 한 직원이 우리 경쟁 업체들은 손님이 찾아오면 그저 그런 테이크아웃 커피나 아무 편의점에서나 쉽게 살 수 있는 인스턴트 커피를 내놓는다는 사실을 알려주었다. 바로 이 한마디가 나의 영감을 자극했고, 곧 괜찮은 아이디어가 떠올랐다.

　나는 곧바로 우리를 찾아온 고객에게 카페에서 바로 만든 신선하고 맛있는 커피와 다과를 제공한다면 그가 얼마나 기분 좋은 경험을 할지, 그런 고객을 바라보는 우리가 얼마나 만족스러울지 시각화했다. 좋은 발상은 즉각 행동으로 옮겨야 했다. 나는 사무실 공간 한 부분을 나눠서 카페를 열었다. 독자적인 브랜드를 내걸었으며, 품질과 맛이 뛰어나기로 소문난 태국의 커피 농장에서 원두를 구입했다.

　우리 회사에 부동산 상담을 하러 오는 고객은 무조건 그 카페에서 커피를 마셨다. 그리고 얼마 뒤에는 우리 부동산 사무실을 찾았던 고객들이 순전히 커피와 디저트, 스낵을 찾아 카페를 다시 방문하기 시작했다. 우리 커피숍은 커피와 음식 맛과 서비스로 소비자들에게서 높은 평점을 얻었고, 곧 손님이 넘쳐나기 시작했다. 처음에는 소규모였던 카페는 현재 지점 세 개를 두고 성공의 크기를 늘려가고 있다.

　부동산 회사 건물에 카페를 내겠다는 발상은 부동산 관련 상담을 하러 온 우리 고객들에게 특별한 감정을 선물했다. 그 발상은 점점 더 커져서 독자적인 프랜차이즈 사업으로 성장했다. 딱 하나만 매장을 내고 만족할 수도 있었지만, 나는 '어떻게 하면 지금보다 더 발전할 수 있을까?'라는 생각을 계속 이어갔다.

　처음 카페 이름은 우리 가게에 원두를 제공하는 태국 녹지대를 가리키는 '그린 마운틴Green Mountain'이었다. 곰곰이 생각하다가 좋은 이름이라면 사람들에게 꼭 경험하고 싶은 느낌을 일깨워야 한다는 결론을 내리고 이름을 바꾸기로 했다. 새로운 이름은 '페이머스Famous'로 정했다. 페이머스는 사람들이 기억하기 쉬운, 예쁘고 깔끔한 단어다. 게다가 고객들이 이 이름을 부르면서 즐거워하리라는 생각이 들었다. 우리 카페를 찾는 고객들은 "페이머스에서 보자"라거나 "나는 지금 페이머스에 있어"라고 말할 텐데, 이때 어쩐지 사회적인 명사들을 만날 수 있을 법한 장소로 인식되지 않겠는가. 그저 커피 한 잔 마시러 갈 뿐이지만, 페이머스라는 이름 덕분에 유명 인사가 된 듯 기분이 좋아질 것이다.

일단 발상이 떠오른 뒤에는, 신속하게 실천해야 한다. 다른 예를 들어보자. 2011년 어느 날, 한 파티장에서 남자 둘이 면도날을 사는 데 돈이 터무니없이 많이 들어간다며 한참 동안 열변을 토했다. 그러다가 어느 순간에 두 사람은 영감을 얻어서 마침내 달러쉐이브클럽Dollar Shave Club이라는 아이디어를 냈다. 창업자 마크 레빈과 마이클 더빈이 그토록 대단한 성공을 거둔 것은 머릿속에 떠오른 발상을 신속하게 실천한 덕분이다. 두 사람은 자기들이 가지고 있던 돈과 스타트업 인큐베이터 사이언스Science Inc.가 투자한 돈으로 2011년 1월에 사업을 시작했으며, 90일 뒤에는 웹사이트를 대중에 공개했다.

이 회사의 회원제 서비스는 2012년 3월 유튜브 동영상을 통해서 처음 시작되었는데, 동영상이 입소문을 타서 회사 서버가 한 시

체인저블

간 동안 먹통이 되기도 했다. 더빈은 친구들과 도급업자들을 모아서 팀을 구성하고, 동영상을 올린 뒤 첫 48시간 동안에 밀려든 주문 1만 2000건을 처리했다. 막 출범한 기업인지라 온갖 문제들이 불쑥불쑥 튀어나오는 와중에도 창업자들은 명확한 전망을 가지고 있었으며, 자기들의 발상이 현실에서 실현되도록 재빠르게 행동했다. 이 회사는 지금까지 회원 320만 명을 확보했다. 작은 아이디어가 거대한 성공으로 이어진 것이다.

하지만 아이디어를 바로 실천하는 게 쉽지만은 않다. 특히 사업의 영역에서 새로운 아이디어를 상품으로 만들어 시장에 내놓으려고 시도하다 보면, 그 과정이 너무 힘들다고 느끼게 된다. 힘들면 포기하고 싶은 마음이 생긴다. 또 거대한 발상일수록 실행하기 어렵다고 생각할 수도 있다. 그러니 늘 발상을 실현할 가장 쉬운 방법을 찾아야 한다. 나는 무엇이든 내 방식대로 하고 싶어 하는 천성을 가지고 태어났는데, 이런 상황이 닥치면 어떻게든 가장 쉬운 방법을 찾아보려고 노력한다.

고등학교를 자퇴하기 전인 열네 살 무렵 겨울 방학 때, 초콜릿 쿠키 판매 아르바이트를 했다. 집집마다 찾아다니면서 '초클라볼'이라는 스웨덴식 초콜릿 쿠키를 팔았다. 문을 두드리는 집마다 모두 쿠키를 사게 만들겠다는 계획을 세웠다. 그러나 추운 겨울에 방문 판매를 한다는 것은 여간 힘들지 않았다. 쿠키 한 상자 가격이 30달러 정도였는데, 아무리 돌아다니면서 문을 두드려도 안 산다는 대답만 돌아왔다.

그때 쿠키를 상자째 팔지 않고 낱개로 팔면 어떨까 하는 생각이 떠올랐다. 한꺼번에 한 상자씩 파는 것보다 낱개로 파는 편이 더 쉽다는 사실을 깨달은 것이다. 게다가 일을 맡긴 사장도 낱개로 팔지 말라는 말은 하지 않았다. 그래서 현관문을 연 사람에게 이렇게 말했다.

"초클라볼 한 상자를 가지고 있습니다. 50센트에 하나씩 골라 사실 수 있습니다."

그렇게 파는 게 훨씬 쉬웠다. 사람들은 한두 개씩은 기꺼이 샀다. 심지어 낱개로 사는 것보다 상자째 사는 편이 싸다는 점을 언급하자, 상자째 사는 사람들도 나타났다. 그렇게 해서 쿠키는 날개 돋친 듯이 팔렸다. 이 방법 덕분에 나는 판매원 열두 명 가운데서 쿠키를 가장 많이 팔았다.

어떤 문제든 해결책이 있으며, 어떤 어려운 과제라도 사람을 강하게 성장시키고 미래에는 일을 한층 더 쉽게 처리하는 데 도움이 될 교훈을 일깨워준다. 나 역시 쿠키를 한 상자도 팔지 못했을 때 포기해버릴 수도 있었지만, 결국에는 해결책이 되는 아이디어를 떠올렸다. 사람은 어릴 때 창의성이 더 예리하게 반짝인다. 현실이라는 실체에 아직은 젖어 있지 않기 때문이다.

어떤 아이디어든 머리에서 번쩍이면, 내용을 잊어버리기 전에 반드시 적어두라. 심지어 밤에 꿈을 꾸다가 좋은 아이디어를 떠올렸을 때도 쉽게 메모할 수 있도록 침대 옆 협탁에 볼펜과 종이를 함께 두도록 하라. 아이디어를 써놓은 다음에는, 그 아이디어가 빛을 보게 하려면 당장 어떤 행동을 해야 할지 목록을 적어라. 그 행동은 당신에게 도움을 주거나 정보를 줄 누군가에게 당장 전화를 거는 것일 수도 있다. 또 어떤 행동들이 필요한지 파악하려면 조사를 좀 해야 할지도 모른다. 아이디어가 빛을 보려면 무엇을 해야 할 것인지 해답을 찾아보자. 그것은 당신을 기다리고 있는 기회, 즉 당신을 성공으로 이끌어줄 가능성을 발견하는 과정의 한 부분이다.

나는 바닷가 노숙자 신세를 면하고 부동산 사업을 하며 성공을 거둔 뒤에, 피트니스 클럽을 열어볼까 하는 문제를 놓고 고민을 했다. 거대한 발상이었다. 그 사업과 관련된 영역이 매우 넓다는 점에서뿐만 아니라 경험이 전혀 없는 분야였기 때문이다. 나로서는 엄청난 위험을 무릅써야 했다. 그저 그 일을 해보고 싶다는 꿈을 가지고 있었을 뿐이었지만, 결국 이 거대한 발상은 성공한 사업으로 발전했다.

물론 내 거대한 발상이 모두 성공하지는 않았다. 처음 부동산 사무소를 열었다가 파산한 뒤에, 돈을 빌려서 푸껫 피싱 파크Phuket Fishing Park라는 작은 호수 공원을 샀다. 여러 나라에서 민물고기를 수입해서 호수에 넣고, 낚시꾼이 사용할 오두막도 만들고, 낚시 도구들도 장만했다. 사람들이 몸만 와서 아무런 근심 걱정 없이 느긋하게 낚시를 즐길 수 있도록 설계했다. 이렇게 만든 낚시 공원이 크게 성공하리라고 확신했다.

그런데 현실은 그렇지 않았다. 시설 유지 및 보수, 계속되는 물고기의 죽음, 수목 관리, 말썽을 일으키는 직원……. 해야 할 일은 내 예상보다 훨씬 많았다. 이 아이디어는 결국 빠르게 망해버렸다.

한번은 호주의 연금 펀드 회사가 해외 투자를 함께하자고 제안한 적이 있었다. 나는 그 제안에 솔깃했다. 호주의 고객들이 자기 연금을 이용해서 해외에 투자하도록 돕는 것이 내 일이었다. 좋은 일도 하고 내가 하는 사업들을 다각화하고 확장하기에는 멋진 기회인 듯 느껴졌다. 그런데 알고 보니 사업 운영권을 가지고 있는 호주의 브로커가 술주정뱅이에다가 전혀 신뢰할 수 없는 사람이었다. 이미 마케팅 활동과 웹사이트 구축에 상당한 돈을 투자한 뒤였지만, 어쩔 수 없이 동업 관계를 포기해야만 했다. 나를 믿어준 다른 이들을 위해 큰 손해를 기꺼이 감수했다. 리스크가 컸지만 옳은 선택이라고 믿었다. 지금 와서 돌이켜보면 그만하길 정말 다행이다 싶다.

내 머릿속에는 늘 거대한 발상들이 들어차 있다. 나는 언제나 행동을 취하고 위험을 감수한다. 지금까지 서른두 가지 사업에 시간과 돈을 투자했다. 그 가운데서 열세 가지는 실패했고, 열아홉 가지는 성공했다. 내가 이만큼 성공할 수 있었던 것은 크게 생각하고 그 발상을 행동으로 옮겼기 때문이라고 생각한다.

좋은 아이디어를 떠올리기 위해서는 정신을 마치 근육을 단련하듯 훈련시키고, 한층 더 크고 대담한 목표로 나아가도록 자신을 풀어놓아야 한다. 생각을 실천으로 옮기는 일이 습관으로 굳어지려면, 이 책에서 제시하는 방식들을 시간을 들여 꾸준히 연습해야 한다. 아이디어 하나를 성장시키고 확장하려면, 인생의 거친 현실을 인정하고 절대 위축되지 말고 끊임없는 조정을 통해서 현실에 대응해야 한다. 크게 생각하고 작은 것부터 실천하라.

- 다른 사람들은 당신이 바라보는 전망을 보지 못한다.
- 당신이 바라보는 전망을 현실에서 실현하는 것은 당신이 할 일이다.

**CHANGE 9**

# 지치지 않는
# 열정을
# 기르는 법

당신이 정말 하고 싶은 것, 즉 열정의 대상을 찾는 일은 정말 중요하다. 열정의 대상을 찾으면 아무리 고되더라도 즐겁게 매달려서 일할테고, 결국 성공에 다다를 것이다. 나 역시 늘 낙원에 사는 것을 꿈꿔왔기 때문에 푸껫에서 나만의 천국을 창조하려고 지금까지 열심히일하고 있다.

나는 내 열정을 푸껫에서 발견했고, 드디어 찾아낸 내 열정은인생을 바꾸어놓았다. 나는 푸껫에서 부동산 회사 직원이 되어 오토바이를 타고 거리를 돌아다니면서 사람들에게 카탈로그를 나누어주었다. 아직도 잊을 수 없는 그날에도 역시 그 일을 하고 있었고, 사업차 푸껫을 방문한 한 신사에게 카탈로그를 건넸다.

몇 시간 뒤면 비행기를 타고 집으로 돌아갈 예정이던 신사는 카탈로그 속 매물을 직접 보고 확인하고 싶어 했다. 그 사람을 사무실로 데려가 사무실에 있는 직원에게 연결해주어 물건을 보여준 뒤, 신속하게 공항으로 보내주어야만 비행기 시간에 맞출 수 있었다. 이는 다시 말해 그 가운데서 한 가지만 잘못되어도 비행기를 놓친다는 뜻이었다. 나는 서둘러 신사를 사무실로 데리고 갔다. 그런데 다들 볼일을 보러 나갔는지 사무실에는 아무도 없었다. 그 사람은 기다릴 시간이 없다면서 바로 공항으로 가야겠다고 했다. 그때 번개처럼 스치는 생각이 있었다. 나는 그 신사에게 말했다.

"선생님, 제게는 오토바이밖에 없습니다만, 선생님을 그곳으로 모셔다드릴 수 있습니다. 선생님께서 제 오토바이에 타신다면요. 제가 선생님을 거기에 모셔다드리면, 선생님은 물건을 보고 나서 공항으로 출발하시면 됩니다."

놀랍게도 그 사람은 그러자고 했다.

나는 여러 물건 가운데 한 곳의 위치만 알았다. 그래서 그 사람을 오토바이에 태우고 그곳으로 갔다. 물건을 보여주고 주변 지역 설명을 했다. 그렇게 한 시간을 보냈다. 함께 사무실로 돌아왔을 때, 신사는 그 물건을 사겠다고 했다. 내 상사는 깜짝 놀랐다. 영업 훈련을 전혀 받지 않은 내가 한 시간 만에, 그것도 손님을 오토바이에 태

우고 물건을 보여주고 왔을 뿐인데 손님이 부동산 물건을 사겠다고
했으니, 놀랄 만도 했다.

나는 한 시간 동안 신사와 소통하며 신뢰를 얻었다. 고객과 나
사이에 어떤 연결점을 형성했고, 고객이 그것에 만족을 느낀 것이
다. 처음으로 나 자신이 자랑스러웠다. 누군가를 상대로 그가 무엇
을 찾는지 이해하고 원하는 것을 연결해주는 일이 엄청나게 대단하
다고 느껴졌다. 그 느낌을 누릴 기회가 더 많으면 좋겠다는 마음이
간절했다. 그리고 마침내 내가 영업직으로 승진했을 때, 많은 기회
가 찾아왔다.

지금의 나는 피트니스 클럽 여러 곳, 커피숍 여러 곳, 주유소 하
나, 사우나 한 곳, 부동산업에 속하는 회사 열다섯 개를 가지고 있다.
이런 나에게 친구들과 가족들은 늘 똑같은 질문을 한다.

"안드레스, 자기가 하는 일에 열정을 가져야 한다고 늘 말하는
데, 그럼 너는 그 여러 분야의 온갖 사업마다 열정을 가지고 있단 말
이야?"

내 대답은 물론 '아니오'다. 그 모든 사업에 깊은 열정을 가지고
있지는 않다. 그러나 창업에 대해서, 즉 아이디어를 성공적인 운영
으로 전환하는 것에 대해서 불타는 열정을 가지고 있다. 회사를 설
립해서 수익을 내고 성공하는 과정을 무척 좋아한다.

내가 가지는 모든 열정은 아이디어 하나에서 시작된다. 아이디
어는 머릿속에 떠오른 그림이었다가, 종이 위 그림이 되고, 구체적

체인저블

인 계획이 되고, 이런 일을 가능하게 만들 기업이 된다. 모든 것은 상상에서, 즉 머릿속에 떠오른 이미지 하나에서 시작된다. 어떤 생각이나 꿈을 실제로 느낄 수 있고, 볼 수 있고, 만질 수 있으며, 냄새 맡을 수 있는 현실의 어떤 것으로 바꾸어놓을 때 느끼는 만족감은 내게 엄청난 기쁨을 준다.

## 열정의 대상을 찾는 방법

사람은 누구나 지루하고 만족감을 느끼지 못하는 일상의 늪에 빠져 있기 쉽다. 무언가 다른 일을 하고 싶지만 무엇을 해야 할지 확신이 서지 않기 때문이다.

자기 열정의 대상을 찾는 일은 생각보다 쉽다. 다음 질문들에 솔직하게 대답해보자. 앞으로 무슨 일을 하면서 인생을 살아야 할지 떠오를 것이다.

- 내가 전혀 질리거나 지루해하지 않고 책 500권이라도 읽을 수 있는 주제는 무엇일까?
- 내가 5년 동안 돈 한 푼 받지 않고도 일하고 싶은 분야는 무엇일까?
- 돈을 버는 일은 전혀 하지 않아도 될 만큼 경제적인 여유가 있다면, 무슨 일을 하면서 시간을 보내고 싶은가?

어떤 것에 열정을 가진다고 해서 그 일을 매우 잘해야 하는 것은 아니니, 부담 없이 시도해보자. 열정의 대상을 찾기 어렵다면 반대로 자기가 원하지 않는 것들의 목록을 만듦으로써 목표에 집중할 수도 있다. 앞서 소개한 방식을 반대로 적용해보자. 이 방법 또한 자기 열정이 무엇인지 파악하는 데 도움이 된다.

첫째 하고 싶지 않은 일의 분야를 적는다.

둘째 싫어하는 일거리나 과제를 열거한다. 이상의 것들을 제외하고 나면 열정을 가진 대상이 한층 명확하게 드러난다.

셋째 당신이 부러워하는 사람들의 명단을 적어라. '나는 어떤 일을 하는 사람을 가장 부러워하고 선망하는가?'

넷째 여러 사람의 이름이 나오면, 그 사람들이 하는 일을 살펴보고 하고 싶은 일자리에 동그라미 표시를 한다.

다섯째 부러운 사람들 명단에서 하고 싶지 않은 일자리를 가진 사람들은 모두 지운다.

여섯째 동그라미 표시가 된 나머지 사람들에게서 열정을 촉발할 단서를 찾는다.

열정의 대상을 발견하려면 여러 기술을 결합해보자. 소프트웨어 신생 기업인 실크타이드Silktide의 창업자 올리버 엠버튼 역시 자기가 가진 평범한 기술들을 올바로 합하기만 하면 열정을 찾을 수 있다며 이렇게 말한 바 있다.

"예를 들어서 평균 수준의 화가이지만 상당한 유머 감각을 가진 사람이 있다고 치자. 순수 미술 분야에서는 그다지 큰 활약을 보일 수 없고, 또 유머 감각을 학과목의 하나로 삼아서 전공하고 연구할 수도 없다. 그렇지만 탁월한 카툰 작가가 될 수는 있다."

엠버튼은 성공한 사람, 즉 자기가 하는 일에 가장 큰 열정을 가지고 큰 성과를 이룬 사람 치고 단 하나의 기술만 가진 사람은 드물다고 주장한다.

"그런 사람들은, 다른 사람들과 비교해서 그다지 특출할 것도 없는 기술 여러 가지를 한데 녹여냈을 뿐이다. 개별 기술들만 보자면 특별히 뛰어나지는 않지만, 여러 기술을 한데 녹여내는 것으로는 확실하게 특출하다."

스티브 잡스를 놓고 보자. 세계 최고의 엔지니어도, 최고의 영업 귀재도 아니었으며, 프로그램 설계자나 경영자 중에 최고도 아니었다. 그렇지만 이 모든 것들을 제법 잘했으며, 무엇보다 모든 것들을 하나로 녹여내는 데 탁월했다.

열정의 대상은 수없이 많을 수도 있고, 하나도 없을 수도 있으며, 끊임없이 바뀔 수도 있다. 다만 모든 사람에게는 반드시 한 가지 이상의 열정이 있다. 그러니 내 안에 숨겨진 열정이 무엇인지 찾을 때까지 깊이 생각해봐야 한다. 열정의 대상을 찾고 나면, 성공으로 가는 길이 더욱 가까워진다. 열정이 있으면 시련에 부딪혀도 넘어지지 않고 다시 일어날 힘을 기를 수 있기 때문이다. 마음속 열정의 소리가 들리는가? 그렇다면 이제 이것을 이용해서 인생을 완전히 바꿔보자.


- 열정은 성공에 따르는 모든 고난을 충분히 감수할 만한 것으로 만들어준다.

CHANGE 10

# 실패
# 공포증에서
# 벗어나려면

앞에서도 잠깐 언급했지만, 나는 등산을 매우 좋아한다. 한번은 등산팀을 구성하여 페루 안데스산맥의 살칸타이산 해발 4700미터 봉우리에 올라갔다가 잉카 유적지 마추픽추로 내려왔다. 높은 해발 고도에 적응하는 시간을 보통 일주일로 잡는데, 우리는 이틀 만에 곧바로 등정을 시작했다. 고지 트래킹을 여러 번 했으니 별일 없으리라 안이하게 생각하고 무모하게 나섰다. 결국 일행 가운데 두 사람이 고산병을 심하게 앓았고, 해발 4500미터 지점에 다다른 날 밤에는 상태가 매우 심각해졌다. 도움의 손길을 얻을 만한 곳도 몇 킬로

미터나 떨어져 있었고, 대자연은 엄혹하기만 했다.

공포와 불안이 사람들의 마음을 완전히 사로잡았다. 환자 두 사람은 무사히 산 아래로 내려가지 못할 수도 있다는 생각에 몸을 떨었다. 아프지 않은 이들도 걱정과 좌절, 스트레스에 짓눌렸다. 다들 무력감에 사로잡혔다. 시작은 일생일대의 모험이었지만 누군가에게는 인생 마지막 모험이 될 수도 있었다. 날씨와 고도와 고립감 역시 우리의 마음을 계속 불안하게 만들었다. 이런 상황에서 걷기는커녕 제대로 호흡도 못 하는 환자 둘을 데리고 마추픽추로 내려갈 방법을 찾아야만 했다.

그런데 문득 내 마음속에 어떤 선명한 생각이 떠올랐다. 마음만 먹으면 감정을 스스로 통제할 수 있다는 사실을 떠올린 것이다. 나는 나와 함께한 대원들을 둘러보았다. 우리는 언제나 함께 여행했다. 그리고 나는 그들의 진정한 정신을 잘 알았다. 문득 올려다본 하늘은 그야말로 천국의 하늘이 그렇지 않을까 싶을 정도로 아름다웠다. 뭐라고 말을 할 수 없을 만큼 눈부셨다.

내 마음에 드리운 공포와 불확실성에 맞서 싸우기 위해 내가 본 것을 있는 그대로 나 자신에게 말하기 시작했다. 나는 스스로 아름다움에 둘러싸여 있으며 단단한 땅 위에 발을 디디고 서 있다고 말했다. 내가 발을 디디고 선 이 땅은 흔들리지 않을 것이며, 나를 넘어뜨리지도, 던져버리지도 않으리라. 산은 내게 안전하게 하산할 단단한 땅을 제공하리라. 나는 대원들의 사기를 북돋았고 희망의 말들을

체인저블

했다. 그러자 긴장으로 팽팽하던 모든 근육이 느슨하게 풀리는 걸 느낄 수 있었다.

대원들의 호흡이 어느새 정상으로 돌아왔다. 우리는 느리고도 조심스럽게, 마침내 마추픽추에 도착했다. 거기까지 가는 동안 시종일관 하늘을 찌를 듯 사기가 높았다. 그날 밤 우리는 소중한 교훈을 얻었다. 자연의 무서움을 절대로 과소평가하지 말 것. 그리고 해발고도가 높은 곳으로 산행을 할 때는 잠을 충분히 자두고 물과 옷가지와 의료 장비를 충분히 준비할 것. 정말 당연한 것들이 아닌가?

인생에서는 좋은 것이 있으면 반드시 나쁜 것도 있다. 사랑에는 증오가 따르고, 기쁨에는 공포가 따르고, 성공에는 실패가 따른다. 모든 긍정적인 것에는 부정적인 것이 따른다. 그러니 고통이나 부정적인 것을 한 번도 경험하지 않고서 인생을 살 수는 없다. 그저 그것이 인생 전체에 영향을 주지 않도록 하는 것이 중요하다.

스톡홀름 뒷골목을 쓸고 다니며 부정적인 감정들이 영혼을 갉아먹게 내버려두고 폭력과 폭음으로 치달을 때는 내 안의 부정을 인정할 수 없었다. 그랬기에 긍정적인 생각에 초점을 맞추고 집중할수도 없었다. 왜 그랬을까? 그게 가능하리라고는 생각도 하지 못했으며, 고립 상태에 있던 나 자신에게만 너무 집중한 나머지 내 행동이 다른 사람들에게 어떤 영향을 줄지는 조금도 생각하지 않았기 때문이다. 학교를 자퇴하고, 친구들과 싸움질하고, 고주망태가 되도록 술을 마시는 내 행동이 가족에게 어떤 영향을 줄지 단 한 번도 생각하지 않았다. 가족이 내게 준 모든 긍정적인 것들을 조금이라도 생각했더라면, 내 마음속에 가득한 부정적인 것들을 반쯤은 몰아내고 긍정적인 것들로 채웠으리라.

얼마나 많은 것이 바로 내 옆에 있었는지 알기까지 여러 해가 걸렸다. 고립과 외로움, 무기력, 절망으로 점철된 많은 시간이 지나고 나서야 비로소 그 사실을 깨달았다. 어머니가 "가거라"라고 했던 허락의 말은 나를 믿는다는 마음을 표현한 어머니만의 방식이었다. 쌀국수 가게의 주인은 공짜 쌀국수를 줌으로써, 내게 공짜 쌀국수를 먹을 자격이 있음을 그만의 방식으로 보여주었다. 모든 신호가 거기에 있었지만, 나는 자기혐오에 깊이 빠져 그 신호들을 알아보지 못했을 뿐이다.

## 부정적인 감정을 끊어내는 방법

부정적인 생각과 감정을 없애려면 어떻게 해야 할까? 사람의 마음에는 하루에도 1만 6000개가 넘는 생각과 감정이 떠오른다. 그중에서도 특히 '공포'는 다른 부정적인 감정을 끌어내고, 이에 얽매이게 만든다.

스카이다이빙을 하거나 동굴 다이빙을 하거나 하는 극한 스포츠는 공포와 정면으로 맞서게 해준다. 왜 그럴까? 사람의 마음은 생존을 지향하도록 구성되어 있기 때문이다. 산에 올라가는 것도 도움이 된다. 나는 전 세계를 돌아다니기를 무척 좋아한다. 자연과 교감을 할 뿐만 아니라 그 과정에서 나 자신을 시험한다. 내 인생에서 가장 매력적인 순간은 여러 날에 걸쳐 노력을 들인 끝에 마침내 산 정상에 올라 털썩 주저앉아 있을 때다. 근육 하나하나의 힘이 모두 소진되고 몸은 아프다. 얼마나 지쳤는지, 자리에 누우면 며칠 동안 꼼짝 않고 잠만 잘 수 있을 정도다. 하지만 이때 피곤한 몸과는 반대로, 마음속에서 고요한 평정심을 느낄 수 있다. 일출의 첫 햇살이 지평선에 드리울 때 느낄 수 있는 영원한 고요함, 사방을 훤하게 내려다보며 자연에 녹아드는 깊은 느낌, 자연과 하나 되는 고요함 속 인식의 순간을 만끽하다 보면, 살아 있다는 것이 얼마나 소중한지 진정으로 느낄 수 있다. 또한 인생이 가져다주는 마법 같은 선물이 무엇인지 이해할 수 있다.

나는 지금까지 많은 사람과 등반을 해왔다. 어떤 산들은 높고 험했으며, 어떤 산들은 그렇지 않았다. 등반에 나설 때마다 마음의 힘을 이용해서 신체의 한계를 극한까지 밀어붙이려고 스스로 독려했다. 하산할 때면 늘 한층 더 행복해졌고 높은 생산성으로 충만해 있었다.

이처럼 극한의 공포를 자신의 의지로 극복하는 경험을 쌓는 일은 부정적인 생각을 없애는 데 도움이 된다. 나는 일본에 가서 스키를 타기도 했고, 인도네시아 활화산을 오르기도 했으며, 두바이에서는 4000미터 상공에서 낙하산을 메고 비행기에서 뛰어내리기도 했다. 또 혼자서 세계에서 가장 높은 산에도 올라보았다. 이런 경험들은 물론 가치가 있었다. 공포를 스스로의 의지로 극복한 경험은 더 큰 공포를 이겨낼 힘을 준다.

공포 외에도 우리를 괴롭히는 부정적인 감정이 또 한 가지 있다. 바로 '걱정'이다. 처음 사업을 시작하고 일이 잘 풀리지 않을 때는 나 또한 걱정에 사로잡혔다. 온갖 것들을 다 걱정했다. 매출이 떨어질까 걱정했고, 직원들에게 봉급을 주지 못할까, 임대료를 내지 못해서 쫓겨날까, 또 가족을 실망시키지 않을까 걱정했다. 걱정은 두려움을 키운다. 걱정하면 행동을 주저하게 되고 그럴수록 온갖 불안이 출몰한다. 그러다 보면 생각은 비관적으로 바뀐다. 당시에도 걱정이 불러일으킨 공포와 두려움이 나를 마비시켰다. 결국, 처음에 나를 성공의 길로 이끌었던 행동들을 하지 않게 되었다.

그렇게 다시 예전 습관들에 빠져들었다. 부정적인 생각들의 악순환에 사로잡혔고, 온갖 걱정에만 초점을 맞추었다. 결국 걱정이 현실로 드러나 모든 것을 잃어버렸다.

다시 사업을 시작할 때는 걱정이 기업을 운영하는 데 나쁜 요소임을 철저하게 명심했다. 이제 더는 감정의 비위를 맞추면서 감정에 휘둘리지 않는다. 부정적인 감정은 너무도 쉽게 실패를 불러들인다는 사실을 잘 안다. 걱정해서는 절대로 산을 오르지 못한다. 걱정이 아니라 행동만이 나를 움직이게 해준다. 한 번에 한 걸음씩만 가도

체인저블

된다.

어떤 시점에선가 나는 머릿속에서 걱정을 딱 끊어버렸다. 걱정을 해야 하는 아무런 이유도 없음을 깨달았다. 오직 내가 하는 일이 성공으로 이어지리라는 사실을 명심했다. 나는 여전히 흔들리지 않는 마음으로 나 자신을 믿는다.

부정적인 사고에 사로잡히지 않을 마지막 방법은 바로 다른 사람의 부정적인 반응을 차단하는 것이다. 나는 영감을 받은 새로운 아이디어가 떠오르면 몹시 흥분한다. 이럴 때면 당장 취할 행동 목록을 작성하든, 아이디어를 실현하는 데 도움을 줄 수 있는 사람과 접촉하든, 곧바로 행동에 나선다. 이때 내가 가진 꿈을 이해하지 못하는 사람들은 만나지 않는다. 나는 크게 생각하고, 사람들 대부분이 불가능하다고 생각하는 것을 성취하려 한다.

내가 설정한 목표를 다른 사람과 공유하다 보면, 부정하고 의심하는 반응이 되돌아오기도 한다. 하지만 이런 반응들은 내 인생에 전혀 필요하지 않은 부정성의 유형일 뿐이다. 특히 영감을 받아서 새로운 아이디어를 떠올렸을 때는 더욱더 그렇다. 나는 개인적으로 설정한 목표는 목표를 달성하는 데 도움이 될 사람들에게만 이야기한다는 원칙이 있다. 나는 내가 설정한 목표에 관한 한, 내 에너지가 높은 상태로 계속 유지되길 바란다. 그래서 대개는 나 혼자서 목표를 간직한다.

사람들은 대부분 재산을 끌어당기는 원리가 얼마나 강력한 힘을 발휘하는지, 얼마나 실천하기 쉬운지, 이 원칙들을 실행할 때 인생이 얼마나 크게 바뀌는지 알지 못하고 부정적인 말을 한다. 나는 내가 가슴에 담은 목표가 가능하지 않다고 의심하는 사람들이 틀렸음을 입증하겠다는 마음을 가지고 있으며, 이 생각은 늘 강한 동기부여가 된다.

두려움과 공포, 걱정에서 벗어나는 일은 쉽지 않아 보일지도 모른다. 하지만 누구나 나와 똑같이 부정적인 사고를 내려놓고 새로운 가능성을 열 수 있다. 당신의 가능성을 의심의 눈초리로 바라보는 사람들이 모두 틀렸음을 입증해보라. 이보다 더 만족감을 주는 일은 없다. 다른 사람들이 보내는 모든 부정성을 연료로 삼아 내면의 열정을 불태워라. 스스로 반드시 성공할 것임을 마음속 깊은 곳에서부터 믿어라.

- 문제를 해결하는 방법은 언제든 있다.
- 중요한 것은 두려움에 사로잡히지 않는 일이다.

●

혼자 있어라,
이것이 발명의 비밀이다.
혼자 있어라,
이때 아이디어가 떠오른다.

니콜라 테슬라Nicola Tesla

●

# 제4장

# 부자가 되는
# 사고방식은
# 따로 있다

✸
✸

•

## CHANGE 11

•

# 최악이라고
# 생각한 일이
# 때론 최고의 기회가 된다

시야가 넓은 사람들은 아이디어를 큰 기회로 바꾸어놓는다. 이 과정에서 불가피하게 만나게 되는 시련은 그저 삶을 완성하는 퍼즐 조각에 지나지 않는다. 크게 생각하는 습관이 있는 사람들은 퍼즐을 맞추는 동안 최악의 시점에서 어려운 문제들이 불쑥 튀어나올 것임을 이미 예상한다. 온갖 방해물 때문에 다른 모든 사람이 도중에 포기하더라도, 의지와 끈기를 가지고 굳세게 앞으로 나아가는 사람들은 커다란 목표를 달성할 수 있다. 크게 생각하는 사람들은 자기의 관점과 주변 사람들의 관점을 바꿈으로써, 온갖 시련과 위기를 오히려 기회로 삼는다. 틀 자체를 바꾸어버리는 것이다. 즉 해당 문제를 있는 그대로 바라본 다음, 더 나은 발상과 해법을 얻고자 그 문제를 바라보는 관점을 창의적으로 변화시킨다.

똑같은 말을 반복하는 것이지만, 마음가짐에 대해서 한 번 더 얘기하겠다. 모든 성공의 열쇠는 결국 문제 해결이 핵심이며, 문제 해결은 마음가짐에 달려 있다. 어떻게 하면 문제를 긍정적인 해결책으로 바꾸어놓을까 하는 생각이 중요하다는 말이다.

스탠퍼드대학교 공과 대학에서 16년 동안 혁신 관련 강의를 하고 있는 『시작하기 전에 알았더라면 좋았을 것들』의 저자 티나 실리그는 이에 대해 다음과 같이 말한 바 있다.

"상상은 현실에 존재하지 않는 것을 시각적으로 떠올리는 방법이다. 그리고 시련에 대처하려고 상상력을 동원하는 것이 바로 창의성이다. 독특한 해법을 마련하려고 창의성을 활용하는 것이야말로 혁신이다. 기업가 정신이란, 혁신을 통해 다른 사람들을 자극해서 발상의 규모를 확장하는 것을 말한다."

어떤 문제가 나타났을 때 마음가짐이 긍정적이라면, 위기를 하나의 기회로 바라보는 데 도움이 된다. 이때 어떤 문제든 자신이 창의적인 해법을 마련해 혁신할 수 있다는 자신감, 문제 해결 과정이 즐겁고 만족스러우리라는 긍정적인 마음을 끝까지 유지하는 것이 중요하다. 또한 문제를 올바른 해결책으로 전환하는 방식을 체계화해야 한다. 실리그는 세 가지 훌륭한 방법을 제시해주었다. 첫 번째로 질문을 다시 살피고, 그다음으로 나쁜 아이디어들을 찾아내고, 마지막으로 기존 규칙이 올바른지 의심하는 것이다.

파티를 열려고 하는 상황을 예로 들어보자. 먼저 '될 수 있으면 적은 돈을 들이고도 손님들이 자신이 잘 대접받는다고 느끼게 하려면 파티를 어떻게 준비해야 할까?'라는 질문을 '어떻게 하면 손님들에게 특별한 추억을 선물할 수 있을까?'로 바꾸면, 전혀 다른 방향으로 접근할 수 있다. 다시 말해, 질문의 틀을 다시 짜면 파티를 준비하고 진행하는 비용과 시간에만 한정된 초점에서 벗어날 수 있다. 질문의 초점을 바꿈으로써 해결책에 대한 접근 방향이 달라지는 것이다.

나쁜 아이디어에 대해 브레인스토밍을 해보는 것도 도움이 된다. 문제에 맞닥뜨리면 흔히 좋은 아이디어들을 떠올리는 데에만 초점을 맞추기 쉽다. 그러나 이렇게 하면 문제 해결 능력이 제한된다. 창의적이고 혁신적인 해결책을 마련할 때는 나쁜 아이디어들을 찾아내는 것도 의미가 있다. 좋은 아이디어여야 한다는 압박감을 제거하면, 바보 같은 아이디어들이 더 나을 수 있다. 또 끔찍한 아이디어들도 제대로만 평가한다면 얼마든지 독특하고 탁월한 아이디어가 될 수 있다.

심각한 문제에 맞닥뜨렸다면, 가장 짧은 시간 안에 될 수 있으면 나쁜 아이디어들을 많이 생각해서 적어보자. 이런 아이디어들을 완벽하게 만들려고 억지로 시간을 낭비할 필요는 없다. 그저 아이디어 목록을 만들기만 하자. 나쁜 아이디어를 좋은 아이디어로 만드는 방법에 대해서는 나중에 생각하면 된다.

이에 대해 실리그 교수는 남극 대륙에서 비키니 파는 사례를 제시했다. 그는 자신의 수업에서 한 조에 속한 학생들에게 이 나쁜 아이디어를 좋은 아이디어로 바꿔보라고 했다. 학생들은 5분 동안 브레인스토밍을 한 끝에 '비키니를 입을 것인가, 아니면 죽을 것인가?'라는 구호를 정하고, 몸매를 가꾸길 원하는 사람들을 남극으로 데리고 가 피트니스 훈련을 통해 원하는 몸매를 얻게 해주겠다는 탁월한 아이디어를 만들어냈다. 이 여행에 참가하는 사람들은 힘든 여정과 훈련을 거쳐 마침내 맵시 있는 몸매로 비키니를 입을 수 있을 것이다. 이 사례에 대해 실리그는 다음과 같은 결론을 내렸다.

"남극에서 비키니를 판다는 발상은 끔찍할 정도로 형편없는 아이디어일지도 모른다. 그러나 질문을 다른 관점에서 바라보라고 하자 학생들은 5분 만에 나쁜 아이디어를 멋진 아이디어로 바꾸어놓을 방법을 찾아냈다."

그다음으로 해야 할 일은 기존 규칙을 의심하는 것이다. 지금까지 당연하게 여기며 따르던 것들을 따르지 않음으로써 문제의 틀을 새롭게 짤 수 있다. 이런 질문을 던져보자.

"업계에서 통용되는 모든 규칙은 무엇인가?"

그다음, 그동안 당연히 따라야 한다고 생각해온 모든 규칙의 목록을 작성해보자. 그러고 나서 규칙의 지시와 반대로 하면 어떤 일이 일어날지 생각해보라. 우리는 모두 기존의 온갖 규칙과 가정에

너무도 깊이 세뇌되어 있어서 틀을 깨는 일이 쉽지는 않다. 실리그는 이렇게 말했다.

"태양의 서커스세계적인 서커스 공연단 · 옮긴이는 서커스 공연이라면 당연히 이러저러해야 한다는 기존의 가정들을 의심하고 나섰다. 그렇게 해서 서커스를 어린이를 대상으로 하는 가벼운 오락이 아니라 성인을 대상으로 하는, 영화나 오페라와 어깨를 나란히 하는 수준 높은 공연으로 바꾸어놓았다."

## 위기를 위기로만 바라보지 말라

문제 해결은 결코 어렵고 무서운 과정이 아니다. 위기를 창의적으로 해결할 방법은 이 밖에도 더 있다. 문제 해결 과정에서 개인이 아닌 팀 차원에서 접근하는 방법도 중요하다.

나는 어떤 문제가 나타날 때마다 직원들을 회의실로 불러 모아 "도대체 왜 이런 문제가 일어났을까?", "지금 당장 이 문제를 어떻게 처리해야 할까?", "무엇을 교훈으로 얻어야 하며, 이런 일이 재발하지 않도록 하려면 어떻게 해야 할까?"라는 질문에 대해 각자의 생각을 거리낌 없이 쏟아내게 한다.

문제 해결 과정에 직원들을 참여시키면 팀의 결속력 또한 높아진다. 그들은 의사 결정 과정에 직접 참여한다고 생각하며, 특별한 권한을 얻었다고 느낀다. 이런 식으로 경영진과 직원이 한자리에서 논의하다 보면, 문제 상황을 타개할 새롭고 탁월한 아이디어들이 나타날 때가 많다.

예를 들어보겠다. 내가 해변에서 500미터 정도 떨어진 곳에 객실 446개를 갖춘 콘도를 짓는, 새로운 사업을 시작하려던 때의 일이다. 사업 진행에 필요한 토지를 매입하는 계약서에 서명하기 직전이었는데, 다른 개발업자가 해변에서 200미터밖에 떨어지지 않은 곳에 다른 콘도를 지을 예정임을 알게 되었다. 부동산 사업에서는 위치가 가장 중요한 변수이다 보니, 해당 부동산이 해변으로부터 거리가 200미터냐 500미터냐 하는 조건은 엄청나게 중요한 문제였다.

나는 이 사실을 알고는 바로 영업 담당 직원들과 이사진을 모두 소집했다. 애초 계획대로 밀고 나가서 가격 구조가 우리와 같을 뿐만 아니라 바닷가와 더 가까운 그 콘도와 경쟁할 것인지 포기할 것인지를 결정해야 했다.

우리는 먼저 우리 사업과 경쟁 업체의 사업에 어떤 전략적인 차이가 있는지, 즉 소비자에게 제공하는 편익에는 어떤 차이가 있는지 비교했다. 위치, 가격, 시설, 서비스 등을 살폈는데, 각각의 측면에서 경쟁 업체가 우리보다 조금 더 유리하다는 사실을 확인했다. 그래서 이미 큰 비용을 투입했고 거의 계약 직전 단계까지 간 프로젝트를 포기하기로 했다. 건축가, 변호사, 그래픽 디자이너들에게 이미 상당한 돈이 지출된 프로젝트였지만, 기꺼이 리스크를 감당하고 콘도를 세우기에는 너무 부담스러웠다.

그리고 6주 뒤, 우리와 거래하던 건축가가 다른 땅을 소개받고는 함께 보러 가자고 했다. 그때만 하더라도 개발업자로서 땅을 보러 온갖 곳을 돌아다니는 게 일상이었던 터라 크게 기대를 걸지 않았다. 나와 회사 직원을 태운 건축가는 우리가 최근에 포기한 콘도 부지 쪽으로 가더니, 그곳을 지나쳐서 바다 쪽으로 계속 자동차를 몰았다. 경쟁 업체의 콘도 부지도 지나쳐서 계속 해변 쪽으로 갔다. 나는 흥분했다. 마침내 도착한, 매물로 나온 토지는 해변에서 50미터밖에 떨어지지 않은 야트막한 동산이었고, 아래로 푸른 바다가 펼쳐져 있었다. 소유주가 급하게 처분해 돈을 마련해야 하는 상황이라 가격도 적당해서, 애초에 우리가 사려던 땅보다 아주 많이 비싸지 않았다. 나는 소유주를 만나 가격을 조정하고, 몇 주 사이에 모든 거래를 최종적으로 체결했다. 멋진 기회가 찾아올 때는 재빠르게 잡아야 한다.

이렇게 해서 우리는 다시 경쟁을 벌이게 되었다. 그 뒤 몇 달 동안 우리 건축가, 변호사, 엔지니어, 그래픽 디자이너들은 경쟁 업체의 콘도에서 150미터밖에 떨어지지 않은 곳에서 콘도를 짓는 작업에 매달렸다. 경쟁 업체의 콘도를 면밀하게 분석했으며, 그곳보다 더 나은 콘도를 짓겠다는 목표를 세웠고, 결국 달성했다. 이 프로젝트는 지금까지도 우리 회사의 알짜 사업으로 꼽힌다.

우리는 경쟁 업체보다 넉 달 늦게 사업을 시작했지만, 객실 446개를 여섯 달 만에 모두 분양했다. 같은 기간에 경쟁 업체의 객실은 3분의 1밖에 분양되지 않았다. 우리는 이 사업으로 최고의 투자 프로젝트Best Investment Project, 최고의 다용도 개발Best Mix Use Development에 선정되고 태국부동산상Thailand Property Award과 아시아태평양부동산상Asia Pacific Property Award까지 수상하는 등 여러 곳에서 인정받았다.

그날 영업 담당 직원들과 이사진을 소집해서 브레인스토밍 회의를 하지 않았디라면 나는 처음 계획대로 토지 매입 계약을 했을 테고, 해변에서 500미터 떨어진 곳에 콘도를 짓고는 쓰라린 실패를 하고 말았으리라. 우리 회사의 역사에서 가장 규모가 컸던 개발 사업을 진행하며 팀 차원에서 의사 결정을 한 경험 덕분에, 어떤 문제나 시련에 맞닥뜨릴 때 성급한 결정을 하지 않는 것 또한 중요하다는 교훈을 얻었다.

사람들은 대부분 어떤 문제에 부닥치면 성급하게 해결책을 마련하려 든다. 그렇게 마련한 해결책이 과연 그 문제에 적합한지 충분한 시간을 두고 따지지도 않는다. 성급한 의사 결정은 흔히 더 많은 문제를 낳는다. 어떤 문제를 해결하려고 결정을 내리려면 충분히 조사할 시간이 필요하다.

어떤 시련이든 극복하고 나면 모두 소중한 인생 교훈이 된다. 나 역시 처음 시작한 사업이 실패했을 때 그 경험을 통해 많은 것을 배웠다. 인생을 살면서 두 번 다시 하지 말아야 할 것이 무엇인지도 배웠다. 날마다 명상해야 함을, 달성할 목표를 설정해야 함을, 내 온

몸을 사랑과 행복이라는 감정으로 채워야 함을 배웠다.

나는 내 인생에 나타나는 온갖 문제와 시련에 늘 감사하며 산다. 시련은 언제나 내가 앞으로 나아가기 위해 꼭 알아야 할 소중한 가치가 있는 무언가를 배우게 해주기 때문이다. 즉 시련은 나에게 특별히 주어지는 성장 기회다. 모든 문제에는 많은 양의 지식이 담겨 있다. 쟁점이나 말썽이 생긴다고 해서 스트레스를 받지 말라. 어차피 생길 일들이다. 시련을 두려워하지 말고 인생에서 당연히 나타날 수밖에 없는 한 부분으로 받아들여라. 그렇게 하면 시련이 닥치더라도 창의적인 해결책을 찾을 수 있고, 이 해결책은 의외의 성공을 안겨준다.

기억하라. 인생의 시련을 극복하는 여러 경험에서 교훈을 얻는다면, 이 교훈 덕분에 부자가 될 수 있다.

- 시련을 두려워하지 말고 당연히 나타날 수밖에 없는 인생의 한 부분으로 받아들여라.

# CHANGE 12

# 사과할 때
# 뜸을 들이지
# 말아야 하는 이유

"젊을 때 늙은 사람을 존중하고, 힘이 셀 때 힘이 약한 사람을 돕고, 잘못했을 때 그 잘못을 고백해라. 언젠가는 당신도 늙고 힘이 약해지고 잘못할 수 있기 때문이다."

네팔의 히말라야산맥 고지에서 만난 티베트의 승려 앙 로상이 한 말이다. 나는 이 말을 늘 마음에 새기며 산다.

위대한 업적을 성취하고 성공한 혁신가들을 많이 만나본 뒤, 나는 그들에게 한 가지 공통점이 있음을 깨달았다. 위대한 사람들은 자기가 틀렸다고 인정하기를 두려워하지 않으며, 곧바로 사과한 뒤

체인저블

똑같은 실수를 반복하지 않으려고 철저하게 노력한다. 사람들은 이처럼 자기 실수에 책임을 지고 실수에서 교훈을 얻는 모습을 보고 그가 강한 사람이며 지도자의 자질을 갖추었음을 알아보고 지지를 건넨다. 그러면 그는 다시 추종자들을 통해 더욱 성장한다.

자기 행동에 책임을 지면, 죄의식이 줄어든다. 자기 잘못을 인정하고 저항감 없이 사과하는 데는 용기가 필요하지만, 사과에는 가장 거만한 사람조차도 겸손하게 만드는 힘이 있다. 또한 이런 행동은 깊은 자존감으로 이어진다.

내가 텔레마케팅 회사에 다닐 때의 일이다. 업무를 보던 도중 실수를 했는데, 이를 알게 된 상사가 나에게 심한 욕설을 퍼부었다. 그 일이 죽을 만큼 싫긴 했지만, 그렇다고 어렵게 얻은 일자리를 잃고 싶지는 않았기에 재빠르게 잘못을 인정하고 사과했다. 하지만 마음 깊은 곳에는 분한 마음을 감추고 있었다. 동료들이 보는 앞에서 그렇게 지독한 욕설을 들어야 할 만큼 큰 잘못을 저지르지는 않았다고 생각했다.

내 마음속에서는 내가 아니라 그 상사가 잘못한 사람이었다. 나는 그저 그 상황을 빠르게 끝내고 싶어서 사과했을 뿐이었다. 내가 실수를 했든 하지 않았든, 그는 나에게 욕설을 퍼부은 일을 사과해야 마땅했다. 상사에게 욕설을 듣던 그 순간이 내가 그 회사에서 하는 일과 내가 가진 능력에 대해서 어떤 생각을 하게 만들었는지, 지금도 생생하게 기억한다. 그때 나는 존중받을 가치가 없는 존재였다.

직접 회사를 차린 후로는 사소하더라도 실수를 하고 싶지 않았으며, 실수하게 되더라도 내가 잘못한 일에 대해 인정하고 사과할 마음의 준비를 했다. 내 주변 사람들이 내 반성과 겸손함을 누릴 가치가 있다고 느꼈으면 했다.

많은 사람이 사과를 불편하게 여긴다. 어쩌면 우리는 성장하면서 누군가에게 사과하는 행위가 부끄럽다고 느끼도록 암묵적으로 교육받았을지도 모른다. 어떤 사람들은 사과가 자기의 미숙함을 인정하는 행위라고 느낀다. 어쩌다가 저지른 실수를 두고 사과한다기보다는 자기 내면의 타고난 인간적 미숙함을 인정하는 행위로 받아들인다는 뜻이다. 또 어쩌면 당신은 누군가와 언쟁을 벌인 뒤에 먼저 사과하면 그 갈등의 원인 제공자가 자기임을 인정하는 것이라고 생각할 수도 있다. 심지어 자신이 사과하면 상대방은 그 갈등에 아무런 책임도 없음을 공공연하게 인정하는 셈이라고 여길 수도 있다. 그러나 제대로 잘 전달된 진실한 사과는 이런 쟁점을 모두 비껴가며, 오로지 두 사람 사이에 존재하는 관계 회복의 문을 열어준다. 또한 두 사람의 공통된 가치를 재확인하게 되며, 상대방에 대한 긍정적인 감정을 회복시켜준다.

나와 직원 사이에 오해가 있으면, 나는 언제나 먼저 사과를 해서 미안하다고, 내 잘못이라고, 오해가 빚어진 상황이나 사건, 규칙과 관련해서 내가 분명하게 알지 못했다고 말한다. 진심 어린 사과는 의외로 힘이 세다는 사실을 잘 알기 때문이다.

체인저블

# 제대로 사과하려면

어떤 잣대에 비추어보더라도, 나는 완벽한 인간과는 거리가 멀다. 실수도 잦고, 투자자들에게 본의 아니게 피해를 끼치기도 한다.

이런 상황에서 투자자와 나 사이에 긍정적인 변화가 일어나도록 하려면, 현재 일어나는 일에 대해서 투자자에게 완벽하게 솔직해야 한다. 이때 직접 얼굴을 대하는 만남은 전화나 이메일보다 훨씬 더 좋은 에너지를 준다. 얼굴을 대하고 만나면 개인적인 차원의 결속을 한층 강화하는 데 도움이 될 일을 더 하려고 노력하게 되기 때문이다.

우리는 모두 겸손함의 미덕을 발휘할 능력을 갖추고 있으며, 어떤 시련이 닥쳐도 창의적인 해결책을 찾을 수 있다. 그러므로 실수를 했을 때는 잘못을 기꺼이 인정하고 잘못된 부분을 바로잡는 데 필요한 모든 조치를 다 취하라. 잘못했을 때 잘못했음을 인정하는 것을 어려워할 필요는 없다.

사과는 '미래에는 어떠해야 할 것'이라는 논의로 이어진다. 특히 새로운 규칙이 필요한 상황이라면 더욱더 그렇다. 의도치 않게 다른 사람에게 상처를 입히는 일이 더는 일어나지 않도록 새로운 규칙이 필요하다.

또한 '울림 있는 나눔의 법칙'과 비슷하게 사과는 긍정적인 감정을 담아서 해야 하며, 내가 사과하면 상대방도 사과할 것이라는 반대급부를 기대하지 말아야 한다.

불성실한 사과는 흔히 죄의식을 회피하기 위한 방책으로 동원된다. 어떤 공인이 사회적으로 물의를 빚을 만한 내용을 SNS에 올린 뒤에 사람들에게 비판을 받으면, 보통 이런 식으로 사과한다. "저의 발언은 부적절하고 상황에도 맞지 않았던 것 같습니다. 그 점에 대해서 사과합니다."

이 사과는 책임을 회피하려는 시도일 뿐이다. 잘못을 진정으로 바로잡고자 하는 의도가 없는 사과는 반쪽짜리에 불과하다. 내가 그런 식으로 사과를 했다면, 그 일은 두고두고 나에게 껄끄럽게 남아 있을 것이다. 중요한 것은 사과에 선한 에너지를 주입하는 일임을 잊지 말아야 한다.

사과에는 여러 가지 효용이 있다. 누군가에게 사과해야 할 일이 남아 있으면, 육체적으로나 정신적으로 압박감을 느낀다. 밤에 두 발을 뻗고 편히 잠을 자지도 못한다. 어딘지 모르게 가슴이 답답하다. 폭식하거나 폭음하기도 한다. 심지어 두통까지 따라온다. 사과는 육체적으로뿐만 아니라 정신적으로도 영향을 준다. 사과는 불안과 우울의 발생 빈도를 줄여주며, 과거의 인간관계를 회복하는 데도 도움이 된다. 사과하지 않은 해묵은 나쁜 감정은 마음에 응어리를 남기며, 새로운 인간관계에 지속해서 영향을 준다.

때로는 사과하고 싶지 않다는 유혹을 받기도 한다. 두 번 다시 그 사람을 볼 일이 없으며 그 문제가 또다시 입에 오르내릴 일이 없다고 생각할 때 그렇다. 하지만 이런 유혹은 내면에 부정적인 생각을 유발할 뿐이다.

히말라야에서 만난 현자이자 승려인 앙 로상은 내게 바쁜 세상 속에서 내면의 평화를 찾는 방법과 순수한 기쁨에 마음을 활짝 여는 방법, 부정적인 생각들이 나의 판단과 행동을 덮어버리지 못하게 막는 방법을 일러주었다. 이 스님과 함께한 시간은 지금까지도 내 인생에서 가장 인상적인 경험으로 남아 있다. 그가 일러준 "젊을 때 늙은 사람을 존중하고, 힘이 셀 때 힘이 약한 사람을 돕고, 잘못했을 때 그 잘못을 고백하라. 언젠가는 당신도 늙고 힘이 약해지고 잘못할 수 있기 때문이다"라는 말은 개인적인 삶에서는 물론 사업에서도 믿을 수 없을 정도로 멋진 도움말이다. 내가 살아온 인생을 돌아보면 이 도움말이 어디에 어떻게 도움을 주었는지 또렷하게 보인다. 나는 내 잘못을 적절한 감정과 진심을 담아서 인정하는 법을 배웠고, 이 배움은 내가 성공하는 과정에서 엄청나게 큰 역할을 해왔다.

배우 리스 위더스푼의 사례를 보자. 그는 음주 운전을 의심하는 경찰관에게 무례하게 굴었고, 이 모습이 고스란히 카메라에 찍혔다. 나중에 위더스푼은 「굿모닝 아메리카Good Morning America」ABC에서 방송되는 미국의 아침 텔레비전 프로그램 • 옮긴이에 출연해서 이렇게 사과했다.

"그날 남편과 저는 애틀랜타에 저녁을 먹으러 갔습니다. 그리고 와인을 너무 많이 마셔버렸습니다. 그런데도 운전해도 된다고 생각했습니다. 그렇지만 괜찮지 않았습니다. 절대로 용인할 수 없는 행동이었고, 그 일에 대해서 정말 죄송하게 생각하고 있으며 뭐라고 용서를 빌어야 할지 모르겠습니다. 이제는 잘못을 깨달았습니다. 그런 짓은 절대로 하지 말았어야 합니다."

미국 시민들은 이 사과를 곧바로 받아들이고 용서했다. 어떻게 그럴 수 있었을까?

위더스푼의 사과는 단순하면서도 효과적인 3단계 원칙으로 구성되어 있다.

> **첫째** 자기 실수를 솔직하게 인정한다. 모든 책임을 지겠다고 하며, 자기 잘못을 합리화하거나 설명하려 하지 않는다.
>
> **둘째** 자신이 아닌 다른 사람이 잘못된 행동을 했다거나 하는 구구한 변명이나 핑계를 대지 않는다. 다시 말해, 일어난 일을 다른 사람 탓으로 돌리지 않는다.
>
> **셋째** 상황을 길게 끌지 않는다. 결과가 어떻게 될 것인지 지나칠 정도로 질질 끌면서 걱정하지 않고 최대한 빠르게 용서를 구한다.

사과의 기술을 개발하는 일은 인생을 살면서 새로운 기회들을 지속해서 끌어들이는 최고의 방법이다. 사과는 마음의 무거운 짐에 짓눌리지 않고 다른 사람들과 소통하면서 가볍게 앞으로 나아갈 수 있게 해준다. 사과의 여러 기술을 잘 익히면 익힐수록, 사업과 인간관계는 물론 자기 내면에서 한층 많은 것들을 풍족하게 누릴 수 있을 것이다. 스스로 틀렸다고 인정하기를 두려워하지 말고, 잘못이 있으면 곧바로 사과하라. 사과는 당신을 성공으로 이끌 강력한 무기다.

* 잘못된 부분이 있으면 기꺼이 사과하고 바로잡아라.
* 그리고 그런 일들이 재발하지 않도록 확실하게 조치를 취하라.

## CHANGE 13

# 건강한 신체에
# 건강한 정신이
# 깃든다

나는 매우 활동적이다. 하이킹을 하든 체육관에 가든, 한시도 가만히 있지 못한다. 그런데 활동적으로 살고 몸을 탄탄하게 만들면 건강해지는 것 외에도 여러 가지 좋은 점이 뒤따른다.

부지런하게 살다 보면 건강을 챙기는 데 소홀해질 수 있다. 누구나 그렇다. 일이 바쁘면 업무 이외의 활동은 잠시 제쳐두게 된다. 그러나 몸을 건강하게 유지하는 것은 신체적으로나 정신적으로 자신을 잘 보살핌으로써 자기애를 실천하는 행위다.

나는 등산, 스카이다이빙, 번지점프, 스키, 보디빌딩, 축구를 좋아하며 즐긴다. 히말라야산맥에도 올라봤는데, 이 경험을 통해 얻은 영감으로 개발하던 프로젝트에 '그랜드 히말라이Grand Himalai'라는 이름을 붙이기도 했다. 신체 활동이 가져다주는 아드레날린이 가만히 앉아 평화롭게 1000일을 보내는 것보다 낫다고 나는 진심으로 믿는다. 꼭 멀리 떠나지 않더라도 체육관에 가서 역기를 들거나 러닝 머신 위를 달릴 때면, 창의적인 온갖 아이디어가 떠오른다. 또 적어둔 목표를 좇아서 부지런히 앞으로 나아가겠다는 결심이 강해진다. 운동은 스트레스와 불안과 근심을 털어내는 좋은 방법이기도 하다. 정기적으로 운동하는 사람들은 그렇지 않은 사람들보다 운동을 마친 뒤에 훨씬 더 좋은 기분을 느낀다. 정기적으로 신체 활동을 하면 행복감과 활력의 수준이 높아진다.

운동에서 느끼는 기분 좋은 느낌은 운동을 할 때 몸에서 분출되는 엔도르핀과 관련이 있다. 엔도르핀은 음식을 먹고 마시는 활동뿐만 아니라 신체의 보상 회로에도 작용한다.뇌의 보상 회로는 기분을 좋게 만듦으로써 인간의 행동을 조절하는 체계다 • 옮긴이 이 물질은 운동을 하고 나서 좋은 기분을 느끼도록 도움을 준다. 운동을 통해서 느끼는 기분도 중독성이 있다. 나 같은 부류의 사람들은 이런 느낌에 중독되어 있다. 이런 종류의 중독은 부작용이 전혀 없으니 바람직한 중독이라고 할 수 있다.

내가 운영하는 피트니스 클럽에는 최첨단 운동 시설과 장비가 갖추어져 있다. 사우나와 한증막도 있으며 피트니스 강좌, 댄스 강좌, 요가 강좌, 무술 강좌, 집중력 강화 강좌도 날마다 열린다. 나는 직원들에게 시간이 날 때마다 운동해서 건강한 신체를 유지하라고 말한다. 아침 회의 장소를 체육관으로 잡아 회의를 마친 뒤에 직원들끼리 유대감을 쌓는 시간을 마련해주기도 한다. 모든 회사 직원에게 운동에 대한 동기 부여를 하기에는 이 방법이 최고다. 나는 피트니스 클럽 자유 이용권과 멤버십 카드, 이벤트용 무료 이용권 등을 직원에게 자주 나누어주는데, 목적은 딱 하나, 직원들이 정기적으로 운동을 하는 습관을 들이게 만들려는 것이다. 이는 사업에서도 충분한 가치가 있는 일이다.

건강한 라이프스타일은 사람의 신체를 바꾸어놓을 뿐만 아니라, 사람의 정신과 태도, 기분까지도 바꾸어놓는다.


## 성공과 운동의 상관관계

나는 성공한 사람이나 사업 모델을 모방하는 것을 중요하게 여긴다. 누구에게나 똑같이 하루에 24시간이 주어지는데, 성공한 사람들은 어떻게 그런 대단한 업적을 달성할 수 있었을까? 그 사람들은 온갖 위대한 발상을 어떻게 그리 높은 확률로 현실에서 실현했을까?

모든 경우에 다 그렇듯이 습관을 연구하면 성공 공식이 드러난다. 세계에서 가장 크게 성공했다고 꼽히는 사람들 가운데 몇몇 사람이 평소 생활 습관에서 무엇에 초점을 맞추었는지 알아보았더니, 다음과 같은 사실을 확인할 수 있었다.

페이스북 창업자인 마크 저커버그는 한 주에 적어도 사흘 운동을 하는데, 보통 반려견과 함께 아침에 조깅을 한다.

버진 그룹Virgin Group의 창업자 리처드 브랜슨은 새벽 다섯 시면 일어나서 카이트서핑을 하거나, 수영하거나, 테니스를 친다. 그는 이렇게 날마다 꾸준하게 운동을 함으로써 하루 네 시간의 추가 생산성을 확보한다고 주장한다. 그는 현재 300개가 넘는 기업을 소유하고 있다.

미국 국무부 장관을 역임한 콘돌리자 라이스는 새벽 네 시 반이면 어김없이 일어나서 40분 동안 유산소 운동을 한다. 대개는 러닝 머신이나 사이클 머신을 이용한다.

미국 대통령이었던 버락 오바마는 한 주에 6일, 하루에 45분씩 운동을 한다. 아침에 일어나서 맨 먼저 하는 일이 운동인데, 역기 들기와 유산소 운동을 하루에 하나씩 번갈아 가면서 한다. 그는 8년 동안 세계에서 가장 강력한 영향력을 가진 인물이었으며, 지금은 성공한 아버지이자 강연자이며 저술가이다.

NBA의 댈러스 매버릭스Dallas Mavericks 구단주인 마크 큐번은 하루도 빠지지 않고 날마다 한 시간씩 운동한다. 그는 사이클과 계단 운동 기구를 사용하며, 농구와 킥복싱, 그 밖의 여러 운동 강좌도 듣는다. 그는 텔레비전 프로그램 「샤크 탱크Shark Tank」에 출연하여 많은 이에게 투자 및 사업 조언을 하기도 했으며, 전 세계 신생 기업에 투자하는 투자자이기도 하다.

애플의 CEO 팀 쿡은 새벽 네 시 반에 일어나 체육관에 가서 운동한다. 사이클링과 암벽 타기도 즐긴다. 애플은 지금도 여전히 기술 분야에서 전 세계를 선도하는 혁신 기업이다.

큰 성공을 거둔 사람들의 습관을 조사하면 할수록 공통점은 점점 더 뚜렷해졌다. 그들은 하루를 일찍 시작하고, 어떤 형태로든 운동을 하며, 또 매우 다양한 활동을 한다.

나 역시 이런 사실에 매료되었지만, 문제가 하나 있었다. 나를 아는 사람은 누구나 아는 사실이지만, 나는 아침형 인간이 아니다. 나의 생체 시계는 느지막하게 일어나도록 설정되어 있다. 그래서 오전 여섯 시 이전에 일어나 운동하는 것은 내게 전혀 맞지 않는다.

세계적인 베스트셀러 『운동화 신은 뇌』를 쓴 뇌 의학 전문가 존 레이티 박사는 "운동은 당신이 가지고 있는 것들 가운데서 뇌 기능을 최적화하는 데에 가장 강력한 도구다"라고 말한 바 있다.

레이티 박사는 운동의 효과에 대해 다음과 같이 네 가지 내용을 정리해두었다.

- 학습 능력을 개선하며 뇌세포를 성장시킨다.
- 스트레스, 분노, 불안감, 우울감을 완화한다.
- 주의력과 집중력을 강화한다.

- 알츠하이머나 파킨슨병, 그 밖의 치매 관련 노인병에 걸릴 위험을 줄여준다.

그리고 그는 최적의 뇌 기능을 위한 최고의 운동 요법을 설명했다. 상세한 내용은 아래와 같다.

- 최소한 한 주에 5일, 매일 30분씩 적절한 강도의 유산소 운동을 해야 한다. 유산소 운동으로는 달리기와 사이클링, 수영이 좋지만, 자기 라이프스타일에 맞게 날마다 할 수 있는 운동법을 찾는 것이 중요하다. 운동 습관이 없는 사람이라면 걷기부터 시작하는 것이 가장 좋다.
- 어떤 형태의 유산소 운동이든 한 주에 6일, 하루에 45분에서 1시간 동안 하는 것이 가장 좋다. 그러나 날마다 고강도 운동을 반복해서는 안 된다. 신체와 뇌가 회복할 시간을 주어야 한다.
- 근육을 단련하고 뼈를 강화하며 관절을 보호하려면, 어떤 형태로든 근력 운동을 같이해야 한다.
- 한층 복잡한 운동을 같이하면, 기술을 연마하고 뇌를 훈련함으로써 신체를 늘 민첩한 상태로 유지하는 데 도움이 된다. 등산, 무술, 체조, 춤, 요가, 필라테스, 균형 훈련 등이 그런 운동이다. 라켓을 들고 하는 운동은 특히 좋은데, 이는 심혈관계와 뇌를 동시에 자극해준다. 유산소 운동만 하는 것보다 신체와 정신을 동시에 자극하는 운

동을 같이하면 운동 효과가 배가된다.

• 운동을 규칙적으로 하는 습관을 들이려면, 혼자서 하는 것보다 클럽이나 강좌에 회원으로 가입해서 다른 사람들과 함께하는 것이 좋다. 다른 사람들과 만나서 상호 작용을 하면, 건강에 좋을 뿐만 아니라 스트레스가 줄어들며 동기를 부여받는 효과도 있다.

레이티 박사는 무슨 운동이든 날마다 하되 운동 프로그램을 유연하게 짜고, 새로운 운동 종목에도 도전하라고 조언한다. 또 무술, 요가, 체조, 등산 같은 복잡한 운동을 하는 게 좋다고 강조한다. 하지만 아침 일찍 운동하는 것이 좋다고 강조하지는 않는다. 나로서는 무엇보다 반가운 말이었다. 그래서 나는 낮 동안 따로 시간을 정해두고 운동을 하는데, 운동을 하고 나면 정신적으로 재충전되는 느낌이 든다. 오랜 세월 우울증에 시달려왔지만, 운동을 정기적으로 하면서 긍정적인 생각을 하게 되고 기분을 조절하는 효과를 보았다. 몸이 건강해지면 건강해질수록, 내 정신은 물론이고 외모 역시 한층 더 굳세어지고 예리해졌다. 꼭 나의 사례가 아니더라도, 운동이 정신과 신체에 모두 믿을 수 없을 정도로 강력한 효과를 발휘한다는 사실은 의심할 나위가 없다.

운동해야 한다고 해서 꼭 강좌에 가입해야 한다거나 체육관에 가서 역기를 들어야 하는 것은 아니다. 아주 가벼운 운동도 상관없다. 스포츠를 딱히 좋아하지 않는 사람이라고 해도, 집에서 직장까지 가는 도중에 아름다운 정원이나 공원이 분명 하나쯤은 있을 테니 퇴근길에 잠깐 시간을 내서 30분쯤 걷기만 하면 된다. 아니면 가벼운 스트레칭도 괜찮다. 그렇게 하루 동안 쌓인 스트레스를 홀홀 털어버린 뒤에 가족이 기다리는 집으로 가라.

운동을 해서 좋은 점은 수없이 많다. 신체적으로나 정신적으로나 지금보다 더 활동적인 상태를 유지하는 습관을 들이고 나면, 자기가 설정해둔 목표를 달성하는 게 훨씬 더 쉬워졌음을 실감하리라. 또 성공을 향해 나아가다 보면 필연적으로 맞닥뜨릴 인생의 온갖 시련을 버텨내는 데도 도움이 된다. 운동을 통해 시련을 극복할 에너지를 기를 수 있기 때문이다. 게다가 운동을 통해서 체력이 강화되었으니, 생물학적 차원에서 보더라도 좋은 호르몬이 한층 많이 분출될 것이다. 다시 말해 목표를 달성하려고 나아가는 과정에서 일을 더 열심히, 그리고 더 오래 할 수 있다.

어떤 유형의 운동을 선택해서 시작하든 내가 해줄 수 있는 최고의 조언은 도중에 멈추거나 포기하지 말라는 것이다. 또 운동하기를 미루려 하지 말자. 새로운 것을 시작할 완벽한 시점은 절대로 없다. 그냥 시작하기만 하면 된다.

운동을 당신 생활에서 가장 중요한 것으로 삼고 일단 시작하라. 건강하고 행복한 상태를 유지해주는 운동이라면 어떤 것이든 다 좋다. 그리고 자기애를 실천하며 자기를 가장 먼저 생각하는 습관을 들여라. 인생은 끊임없이 바뀐다. 우리가 사는 이 세상은 불확실하며, 예상하지 못한 상황이 언제든 전개될 수 있다. 하지만 운동으로 단련된 신체와 정신으로 헤쳐나가지 못할 역경은 없다. 기억하라. 운동은 당신에게 기대 이상의 보상을 해줄 것이다. 당장 오늘부터 몸을 움직이기를 권한다.

- 신체를 강화하면 정신 역시 강해진다.

## CHANGE 14

# 무엇이 성과로
# 이어지는지를
# 파악하라

『부자 아빠 가난한 아빠』의 저자 로버트 기요사키는 "부유함rich은 돈으로 측정하고 재산wealth은 시간으로 측정한다. 그런데 사람들은 대부분 재산을 모으려 하기보다는 부유해지려고만 한다"라고 말했다. 나 역시 이 말에 동의한다.

회사 몇십 개를 운영해본 경험자로서, 나는 인사 관리에 대해 '더 지불하고, 더 주고, 더 가져라'라는 개념을 꼭 알려주고 싶다.

# 더 지불하라

첫 번째 개념은 바로 '더 지불하라'다. 단순하게 말하자면, 당신이 최고의 제품이나 서비스를 만들고 싶으면 그 분야에 최고인 사람들과 함께 일하면 된다. 그런데 최고인 사람들과 일을 하려면 더 많은 돈을 보수로 지불해야 한다.

우리 회사를 통해 부동산 136건을 매입한 최고의 투자자는 처음에 우리 회사의 경쟁 업체들을 모두 방문하고 비교한 뒤 우리 회사를 선택하기로 결정을 내렸다고 말했다. 그의 판단 기준은 아주 단순했다.

"이 회사의 직원들은 다른 곳에서는 관심을 기울이지 않는 세부적인 사항들까지 추가로 더 관심을 기울인다. 그래서 이 회사를 선택하는 게 좋겠다고 확신했다."

수익을 극대화하는 데만 급급한 기업은 어떤 비용이든 줄일 수 있는 데까지 최대한 줄이려 들 것이다. 여기에는 직원의 임금도 포함된다. 대부분 회사들은 직원에게 임금을 될 수 있는 한 적게 주려고 한다. 그러면 직원들은 당연히 업무에 들이는 노력을 적게 하려고 한다. 직원에게 임금을 가능한 한 적게 지급해서 수익을 조금이라도 더 높이겠다는 발상은 궁극적으로 직원의 사기를 꺾어서 실적을 저조하게 만들고, 그러다 보면 결국 회사의 수익도 쪼그라들고 만다.

보수를 더 지불할 때 구체적으로 어떤 결과가 따를까? 직원과 협력 업체들은 돈에 대해 걱정하지 않을 때, 즉 자기들이 충분히 많은 보상을 받는다고 생각할 때 세부적인 사항에 초점을 맞추어서 꼼꼼하게 살피고 또 챙긴다. 이렇게 하면 전체적으로 비용이 절감되며 고객의 만족도는 높아진다.

보수를 더 많이 지불할 때 나타나는 이득을 자세히 살펴보자. 우선 위대한 사람은 적은 임금을 받고는 일하지 않는다. 그들은 똑똑하며, 자기 가치가 얼마나 되는지 잘 안다. 이것이야말로 그들이 예외적일 정도로 대단한 사람인 이유이기도 하다. 삼류 포인트에서 낚시하면 삼류 고기밖에 낚지 못한다.

직원이 역량을 최대로 발휘하기 원한다면, 기준을 더 높게 설정하라. 낮은 기대치를 가지고는 최고의 인재를 자극할 수 없다. 직원들에게 더 많은 보수를 지급하면 직원들이 더 많은 성과를 내리라고 기대해도 되고, 또 직원들에게 높은 기준을 설정해도 된다. 직장에서 만족도가 높은 직원은 그렇지 않은 직원보다 생산성이 12퍼센트나 더 높다는 연구 결과가 있다. 그뿐만 아니라 보수를 더 많이 지급하면, 충성을 다하는 최고의 인재들을 붙잡아둘 수 있다.

소비자 역시 직원에게 좋은 대우를 하는 회사와 거래를 하고 싶어 한다. 소비자로서는 자기에게 별로 신경을 쓰지 않는 직원을 대할 때 불쾌한 경험을 하게 되므로, 될 수 있으면 이런 일을 피하려 하는 게 당연하다.

나의 경우를 예로 들어보겠다. 사업을 시작한 초기에, 어떤 개발 프로젝트를 진행하면서 비용을 절감하기 위해 최저가를 제시한 업체들이나 사람들과 계약을 맺었다. 그런데 계약한 건축 회사가 일정에 맞게 설계도를 만들어내지 못하면서, 온갖 문제가 생기고 일이 꼬이기 시작했다. 그 회사로서는 나와 계약한 조건의 예산으로 일을 진행하려다 보니 유능한 직원을 고용할 수가 없었다. 결국, 그 회사는 다른 사람들에게 하청을 주었고, 일정은 또 연기되었다. 내가 계약한 모든 업체와 사람들은 이문을 별로 남길 수 없다 보니 싸구려 재료로 싸구려 품질의 건물을 만들었다. 결국 품은 품대로 더 많이 들어가고, 시간은 시간대로 지연되었다. 최저가를 기준으로 협상하고 계약했기 때문에 나와 계약한 사람들도 어떻게든 비용을 줄여서 이문을 남겨야만 했고, 결국 모든 사람이 일을 원칙대로 절차에 따라서 하지 못하게 되었다.

업계의 관행대로라면, 규모가 작은 회사는 최고의 인재를 고용할 여유가 없다. 경영진은 회사를 운영하면서 기본적인 이문을 남기는 데 초점을 맞추기 때문이다. 하지만 업계에서 통하는 절대적 진실은 차별적인 전략으로 회사를 운영해야 한다는 것이다. 그러니 여유가 허락하는 한도 안에서 사람이든 업체든 최고를 고용하라. 그 대가로 최상의 결과를 얻을 수 있다. 더 많은 매출을 올릴 수 있고, 고객에게는 한층 큰 만족을 안겨줄 수 있다. 이렇게 되면 당연히 자유로운 시간이 많이 주어진다.

# 더 많이 주어라

'더 많이 준다'라는 말은 직원이 자기 직무에 대해서 더 높은 수준의 만족감을 누리도록, 돈 이외의 다른 것들도 함께 제공한다는 뜻이다. 통상적인 임금 외에 직원들에게 소중한 가치가 있는 것이면 무엇이든 그 대상이 될 수 있다. 예를 들면 수익의 일부, 보너스, 교육이나 훈련, 인센티브, 결정권, 혹은 공동 소유권 등이 있다.

돈을 동기 부여 수단으로 삼는 데는 한계가 있다. 한계를 넘어서면 돈을 더 많이 준다고 해도 추가로 동기 부여가 되지 않는다. 나는 이런 사실을 사업을 시작한 초기에 혹독한 대가를 치르고 나서야 비로소 깨달았다. 인간은 기본적으로 돈이 줄 수 없는 어떤 것을 바란다. 소중한 존재로 대접받는다는 느낌, 자기에게 고마워한다는 느낌, 인정받는다는 느낌 등 말이다. 경영진은 직원들에게 바로 이런 것들을 제공해야 한다.

나는 업계 최고의 인재들과 함께 일하는데, 그들이 나와 함께하는 것은 단지 돈을 많이 주기 때문만은 아니다. 한층 일하기 좋은 환경, 영감을 떠올리기 좋은 조건, 더욱 행복하고 성공한 개인으로 성장하도록 도와주는 교육과 훈련, 그리고 개인 경력을 키워나가기 유리한 조건 등을 제공하기 때문이다. 업계 최고의 인재들을 불러 모아서 일하고 싶다면, 경쟁자들이 주지 않는 것을 줄 수 있어야 한다. 그 인재들이 당신과 함께 일을 하는 것이 사업적으로나 개인적으로

나 최고의 선택이라고 확신하도록 만들어라.

직원 개개인을 많이 알면 알수록 돈 이외의 조건으로, 그리고 돈을 별로 들이지 않고서도 직원에게 동기를 부여하는 상황을 만들어낼 수 있다. 돈이 아닌 것들로 직원에게 엄청난 가치를 주는 혜택을 마련할 수 있다는 뜻이다. 다음의 예를 보자. 여기서 제안하는 장치 가운데 하나를 동원할 수도 있고, 둘을 동원할 수도 있으며, 더 많이 동원할 수도 있다.

- 근무 일정을 유연하게 조정한다.
- 개인 차원의 자기 계발이나 가족을 위한 일로 업무를 처리하지 못하는 시간도 유급으로 처리한다.
- 교차 훈련어떤 직원이 본인이 맡은 직무 외에 다른 직무를 수행할 수 있도록 제공하는 직무 훈련・옮긴이을 실시한다.
- 온라인 강의 등록금을 지급한다.
- 여러 가지 복지 프로그램을 실시한다.
- 업무와 관련된 세미나를 마련해서 전문성 강화 기회를 제공한다.
- 지급 금액과 지급 방식을 사전에 꼼꼼하게 정리해둔 보너스 제도를 실시한다.
- 회사의 소유권을 나누어준다.

직원 대부분은 자기가 회사에 대한 권한을 가지고 있다고 느끼길 바란다. 직원의 의사 결정 능력에 대한 믿음은 여러 가지 측면에서 돈보다 훨씬 더 중요하며, 훨씬 더 강력한 힘을 발휘한다. 이 믿음을 구축하는 방법으로, 직원에게 처음 입사할 때 맡기기로 한 직무가 아닌 다른 직무를 맡길 수 있다. 새로운 직무에서도 그 직원이 잘 해낼 수 있다는 믿음을 회사가 가지고 있음을 보여주는 것이다. 또 의사 결정을 할 수 있는 책임성을 부여하면, 그 직원과 고용주 사이에는 신뢰가 형성된다. 직원에게 어떤 문제의 해결책을 마련하는 책임을 맡기면, 장차 리더가 될 수 있는 발판을 마련해주는 셈이기 때문이다. 이런 것이 회사의 이익을 강력하게 지켜나가는 충성스러운 직원을 만드는 효과적인 방법이다.

새로운 사업을 개발할 때면, 보통은 곧바로 관리자가 그 일을 지휘하도록 하지 않는다. 일반 직원들로 팀을 구성해서 협업하게 만든다. 먼저 팀장 자격으로 팀원들과 함께하면서 새로운 사업을 운영할 방식에 대한 가안을 만든다. 내가 운영하는 모든 기업에서 이러한 강력한 사업 진행 모델을 적용하는데, 이 과정을 통해 직원들은 자기에게 권한이 주어져 있다고 느끼며 자기 역량을 최대한 발휘한다.

이렇게 팀을 구성하고 작업하면서 모든 팀원의 역량을 직접 확인한 뒤에, 그들 가운데서 탁월한 지도력을 발휘하며 업무의 압박 속에서도 자기 주변 사람들이 일을 잘하도록 챙기고 이끈 한두 명을 발탁한다. 이때 가장 신뢰할 수 있는 사람도 눈여겨봐둔다. 이런 직원들이야말로 전체 팀에 동기를 부여해서 묵묵히 앞으로 나아갈 수 있도록 도울 사람이다.

입사 때 제출한 이력서만 가지고는 그 사람이 일을 얼마나 잘할지 알기 어렵다. 그러나 실제로 일을 맡겨서 시켜보면, 역량이 어느 정도인지, 앞으로 일을 얼마나 잘할지 금방 알아볼 수 있다. 임원급이 아닌 평사원을 눈여겨보는 일 역시 중요하다. 그들은 장차 관리직으로 승진해서 놀라운 결과를 안겨줄 사람들이다. 그들을 배려하는 섬세한 진심이 필요하다.

이 전략을 적용하여 나는 영업, 마케팅, 회계, 교육 등의 분야를 망라하는 업계 최고의 인재들을 확보했다. 보수를 더 많이 지급하고, 돈 이외의 혜택을 많이 제공하며, 영감을 발휘하고 충성을 다할 발판을 마련해주는 것. 이 셋을 하나로 묶으면 효과는 믿을 수 없을 정도로 강력해진다.

직원들의 마음을 목적 의식성으로 채우는 일도 중요하다. 직원들이 공통된 목적 의식에 뿌리를 두게 하려면 '북극성North Star'이라 일컫는 것을 이용하라. 공동의 북극성, 즉 공동의 지도 원칙을 가지는 것이야말로 직원의 몰입employee engagement 직원이 회사의 성공을 위해 자발적으로 업무에 몰입하는 것·옮긴이을 끌어내는 데 필수적이다.

내가 운영하는 회사들에서는 새로운 일을 시도하는 데에 마음이 열려 있는 사람을 채용하는 것이 원칙이다. 언제나 그런 것은 아니지만, 나로서는 채용 때 중요하게 고려하는 사항이다. 직원들 가운데는 밀레니얼 세대도 많은데, 이 세대는 자신이 어떠한 일을 수

체인저블

행할 때 수익보다 더 높은 차원의 목적과 연결되길 바란다. 이들은 자기 잠재력을 발휘할 기회를 갈망하며, 동기 부여를 확실하게 해주는 성과 보상을 선호한다. 목적 의식성은 우리 시대에 가장 중요한 시장 차별적 요소다. 이는 인재 선발과 보유의 가장 소중한 도구이기도 하다.

이와 관련해서 사우스웨스트 항공사 사례를 들어보자. 이 항공사는 40년이 넘는 세월 동안 수익을 직원들과 나누었다. CEO인 개리 켈리는 특별히 더 큰 노력을 함으로써 위대한 고객 서비스의 모범을 보인 직원들을 매주 선발해서 상을 준다. 항공사의 기내 잡지 《사우스웨스트 스피릿Southwest Spirit》은 자기 직무 범위를 넘어서까지 일을 해낸 직원들에 대한 기사를 싣는다. 한편 직원들 사이에서 공유되는 업무 관련 동영상들은 회사의 열정을 강조한다. 목적 의식성에 대한 강조는 이 항공사에서는 결코 마케팅 활동이 아니다. 모든 직원에게 목적 의식은 일상적인 모든 의사 결정과 행동에 지침을 주는 북극성이다. 이 회사는 예외적인 서비스가 수익으로 이어지도록 함으로써, 기업 문화를 통해 목적 의식성을 관철했다. 또 중요한 사실은, 이 회사는 높은 실적을 올린 직원에게 보상을 베푸는 데 스토리텔링의 힘을 활용하며, 목적 의식성을 직원들의 모든 경력 여정에 단단하게 채워 넣는다는 것이다.

직원의 몰입은 회사의 공통적인 목적 의식성 속에 녹아 있으며 종업원의 내적 열망에 맞춰서 조정된 전략이다. 이 전략을 설계하면, 생산적이고 충성스러우며 높은 성과를 내는 팀들이 자연스럽게 생겨난다.

## 더 가져라

마지막 원칙은 '더 가져라'다. 내가 더 가져야 한다고 말하는 대상은 바로 '시간'이다. 끌어당긴 재산을 계속 유지하려면, 충분히 많은 시간을 가지고 그 재산을 생각하고 즐기며 또 다른 재산 형성을 가능하게 만드는 실천을 이어가야 한다.

돈과 돈이 아닌 것까지 모두 포함해서, 가진 것을 누리는 데도 시간이 필요하다. 즉 우리에게는 자유로운 시간이 필요하다. 자유로운 시간이란 물리적으로나 정신적으로 모든 의무에서 벗어날 수 있는 시간을 뜻한다. 이 시간이 있어야만 비로소 사업에 얽매이지 않은 채 가족이나 친구와 함께 온갖 경험을 즐기며 자기 발전을 꾀할 수 있다. 장기적인 차원의 성공을 위해서는 필수적인 요소다.

부자가 되도록 만들어준 습관을 계속 이어가는 것 역시 중요하다. 직원들이 하는 모든 일에 일일이 간섭하는 식으로 직접 나서서 모든 것을 다 챙기려 들면 안 된다. 나는 이를 '마이크로매니징'이라고 부른다. 여기에 시간을 할애하다 보면, 목적을 설정하며 시각화를 통해 미래를 그리고, 신체적인 활동성을 유지하면서 영감에 고무

된 행동을 할 시간이 없어진다. 즉 재산과 기회를 끌어당기는 데 도움이 될 모든 것을 하지 못하게 된다.

사업에서 한 걸음 뒤로 물러나 있을 수 없다면, 재산을 쉬지 않고 좇고 있다는 뜻이다. 그런데 이는 재산이 오히려 멀어지는 결과를 낳는다. 자유로운 시간을 확보하는 것은 최고의 직원들을 선발하고 보유하는 것만큼이나 중요하다. 자유로운 시간을 충분히 확보하려면, 우선 직원들이 하는 일에 일일이 간섭하면서 이래라저래라 참견하지 않아야 한다.

마이크로매니징은 지도자나 기업가, 기업의 고위 경영진이 가지기 쉬운 최악의 습관이다. 이 습관은 직원에게 더 많은 혜택을 주고 자유로운 시간을 더 많이 가지라는 원칙에 어긋난다. 직원들은 번잡스러운 간섭과 절차에 치여서 일을 제대로 하지 못하게 된다. 그뿐 아니라, 이런 상황이 빚어내는 환경은 그야말로 최악이다. 마이크로매니징 스타일에 적응한 집단은 그야말로 손발이 묶여서 어떤 것도 독립적으로 결정할 수 없는 불행한 처지가 된다. 이런 악순환 속에서는 아무리 보상을 많이 해주어도 생산성과 창의성이 발휘되지 않는다.

마이크로매니징하는 사람은 쉬지 않고 여기저기 불을 끄러 바쁘게 돌아다니기 때문에, 오로지 자신만이 할 수 있는 일에 집중하지 못한다. 재산을 끌어당기는 데 오히려 반대로 작동하는 마이크로매니징을 하게 되는 이유가 무엇일까? 그 이유는 신뢰 부족에서부터 단순한 경험 미숙까지 다양하다.

　나는 모든 회사를 이메일과 전화로 관리한다. 그렇다고 해서 분야가 제각각인 다양한 조직들의 모든 측면을 제대로 지켜보지 않는다는 뜻은 아니다. 전 세계 어디에 가 있든, 내가 운영하는 모든 회사에 어떤 일이 일어나고 있는지 언제나 잘 파악하고 있다. 직원들에게는 좋은 보수를 지불하며 그들이 예상하는 것보다 더 많은 혜택을 줌으로써 끊임없이 동기를 부여하고, 또 그들이 권한을 행사할 수 있도록 한다. 마이크로매니징의 덫에 빠지지 않으려고 직원과 나 사이의 신뢰를 튼튼하게 쌓아 올린다.

　모든 팀과 모든 부서 그리고 모든 사업부는 함께 일하고 함께 돌아간다. 한 사업부의 한 부서에서 무언가 부족한 점이 있으면, 일일 보고서나 회의 자리에서 그대로 드러난다. 이럴 때는 해결책을 만들고 문제를 처리한다. 성공한 기업의 소유주라고 하더라도 할 일이 없는 것은 아니다.

　회사가 계속 번창하도록 유지하는 데는 평생에 걸친 몰입과 규율이 필요하다. 헌신적인 팀들이 있으면 이런 일이 한결 쉽다. 휘하의 팀을 신뢰한다면, 멀리 떨어져서 관리하기도 한결 쉬워진다. 신뢰는 보수를 더 많이 지불하고 혜택을 더 많이 주며 자유로운 시간을 더 많이 가질 때 비로소 나타나는, 보이지 않고 만질 수 없는 어떤 편익에서 비롯된다는 것을 잊지 말자. 이러한 사실을 정확히 인지한 뒤 마이크로매니징에서 벗어나고자 한다면, 부와 운은 물론 사람 역

시 저절로 따를 것이다. 신뢰를 기반으로 쌓아 올린 부만이 오래갈
수 있다는 사실을 기억하라.

- 직원의 행복과 수익성을 별개로 바라본다면,
- 개인적으로나 총체적으로 값비싼 비용을 지불하는 셈이 된다.

제5장

끌어당긴 부를
유지하는
방법

✳
✳

# 모방이
# 성공으로 가는
# 지름길인 이유

어떤 산업 분야에서든 본받을 만한 경쟁자는 언제나 있다. 부동산 중개업 시장을 예로 들어보겠다. 이 업계는 경쟁이 매우 심하다. 중개 업체는 많지만 주택이나 건물은 한정되어 있으므로, 부동산 매매를 하려는 사람을 어떻게든 설득해서 나와 거래를 하게 만들어야 한다. 진입 장벽이 무척 높은 시장이긴 하지만, 진입이 아예 불가능하지는 않다. 경쟁자들보다 낫기만 하면 된다. 잠재적인 고객이 부동산을 팔려고 하거나 사려고 할 때, 혹은 어떤 부동산을 개발하려고 할 때, 가장 먼저 '나'를 머리에 떠올리게 하기만 하면 된다.

부동산 시장만이 아니라 어떤 시장에서도 마찬가지다. 자기 회사와 경쟁 업체들 사이의 차별점이 무엇인지 발견하고, 이것을 발판으로 삼아서 번창할 수 있도록 만들어야 한다. 경쟁자들을 뛰어넘으려면 우선 그 시장에서 성공한 사례들을 모방하고, 새로운 요소를 추가하거나 차별성을 꾀하여 자기만의 독특한 특성으로 만들어야 한다.

경쟁자들에 대해 많이 알면 알수록, 그들보다 한발 앞설 가능성이 커진다. 이것이 경쟁에서 우위를 차지하게 만들어주는 요소다. 경쟁자들의 웹사이트, 마케팅 도구들, 판매 촉진 정책들, 구체적인 고객 제안 내용 등을 살피고, 무엇보다 그들이 확보한 최고의 인재들을 연구하라. 탁월한 인재는 단순히 실적만 올리는 게 아니다. 나는 다른 회사들의 운영 방식과 그들의 온갖 비밀, 내부 문제를 연구했고, 또 지금도 그렇게 하고 있다. 심지어 경쟁 업체의 최고 직원들에게서 직접 배우기까지 하면서 그들이 구사한 최고의 성공 전략이 무엇인지 알아냈다.

## 어떻게 모방할까

부동산 사업에 첫발을 디뎠을 때, 다시 말해서 내가 부동산 개발업자로서의 면모를 갖추기 시작할 때는 건설이나 건축, 인테리어 설계에 대해서 많이 알지 못했다. 그래서 태국에서 내로라하는 개발업자들 대부분을 연구했다. 난다 긴다 하는 업체들 목록을 정리해서 모두 조사했으며, 그 사람들이 선호하는 시공업자, 건축 업체, 인테리어 업체, 광고 업체가 어디인지 확실하게 알아냈다. 그리고 그들을 모방해서, 그들이 거래하는 업체들과 똑같이 계약했다. 최고가 되고 싶으면 최고와 함께 일을 해야 하기 때문이다.

지금도 기억하는데, 그때 나는 머지않아 최고의 개발업자들과 어깨를 나란히 하겠다는 강렬한 열망에 사로잡혀 있었으며, 5년 안에 반드시 아시아태평양부동산상을 받겠다는 목표를 세웠다. 그리고 4년 7개월 만에 목표를 달성했다. 내가 처음 개발해서 성공적으로 분양한 객실 201개짜리 콘도 덕분에 태국 방콕에서 첫 번째 상을 받았다. 사업을 처음 시작할 때부터, 최고의 개발업자가 내는 결과와 비슷한 결과를 내려면 무엇보다도 최고의 인재, 최고의 업체와 손을 잡고 일해야 한다는 사실을 알았고, 내 판단은 틀리지 않았다. 처음 상을 받은 뒤로 9년 동안, 방콕의 바로 그 무대에 여덟 번이나 더 올라가서 내가 지은 거의 모든 건물에 대해서 모든 분야의 상을 수도 없이 받았다.

분명 '모방하고 혁신하라'라는 비법은 부동산 개발업뿐만 아니라 다른 모든 산업 분야에서도 통할 것이다. 최고가 되고 싶다면 바로 최고에게 배우고, 그들의 전략을 수용하고, 그 전략을 자신에 맞게 최적화하라.

모방을 잘하려면 어떻게 해야 할까? 모방은 단순하게, 그리고 소규모로 시작하라. 그리고 짧은 시일 안에 무리해서 롤모델처럼 되려고 하기 전에, 소소한 측면들부터 통달하라. 해답은 거기에 있다. 진정한 성공은 손을 뻗어서 붙잡으려고 하는 사람이면 누구나 붙잡을 수 있다.

내가 거둔 성공의 가장 커다란 비밀은 다른 사람을 모방한 것이다. 특정한 유형의 성공을 바란다거나 어떤 구체적인 목표를 달성하려고 할 때면, 먼저 해당 분야를 조사해서 최고의 인물이나 업체를 찾아냈다. 설령 그 사람이나 업체가 경쟁자라고 해도 원칙은 달라지지 않는다. 그들이 무엇을 했는지, 그 과정에서 제대로 통한 것이 무엇이며 어떤 원리들을 따랐는지 살핀다. 마치 과학 공식을 따르는 것이나 다름없다. 바로 이것이 내가 어린 나이에, 그토록 짧은 기간 안에 업계 정상에 오른 비결이다. 이미 성과가 입증된 과정을 내 상황과 필요성에 맞춰 약간 수정한 다음에 그대로 밟아나갔고, 그 덕분에 단기간에 크나큰 성공을 거두었다.

'블루호라이즌Blue Horizon Development Company'은 내 소유의 부동산 개발 회사이고, 이 회사 덕분에 나는 유명 인사가 되었다. 설립한 지 15년이 지난 회사로, 이 글을 쓰는 현재 250명 가까운 직원을 두었으며, 지금도 계속 성장하고 있다. 2017년 6월, 블루호라이즌은 태국 최고의 부동산 개발 회사로 선정되었으며, 아시아태평양부동산상 행사에서는 최고의 신축 호텔 건설 분야와 설계 분야에서 상을 받았다. 2017년 7월에는 태국부동산Thailand Property 및 닷프로퍼티그룹Dot Property Group에서도 세 개의 상을 받았다. 블루호라이즌이 자랑하는 건축물에는 비치 프론트, 스카이라이트 빌라, 시그니처 빌라, 히말라이 오션 프론트 콘도 등이 있다. 우리는 2018년에도 수상 후보에 올랐다.

이 자리까지 오는 데 시간이 걸리긴 했지만, 우리에게 필요한 건 시간만이 아니었다. 최고의 직원들로 구성된 팀도 필요했다. 지금의 블루호라이즌을 나 혼자서 만들었다고는 말할 수 없다. 이 꿈은 최고의 인재로 채워진 팀이 있었기에 실현되었다. 내가 세운 회사를 태국 최고의 부동산 개발 업체로 만들겠다는 꿈이 실현된 지금, 이 꿈을 다른 사람들에게도 나눠주려고 한다.

나는 함께 일하며 함께 축하하고 또 계속 성공을 이어가도록 서로를 이끌어주는 거대한 가족을 만들었다. 업계의 선두 주자들과 경쟁자들을 연구함으로써 최고의 자리까지 올랐으며, 또 직원들이 나와 함께 이 환상적인 성공 여정에 함께하도록 데려올 수 있었다.


## 멘토를 찾아라

업계에서 경쟁자들을 이기는 또 한 가지 방법은 해당 업계 안에서 멘토를 만드는 것이다. 이때 멘토는 여러 가지 다른 형태로 도움을 줄 수 있다. 앞에서 나는 아버지에게서 학습과 교육의 재능을 물려받았다고 했는데, 어머니의 재능은 멘토링이었다. 어머니는 네 자녀를 둔 강인한 여성이었으며, 나를 믿고 나에게 언제나 최선을 다해 꿈을 좇으라고 격려해준 유일한 사람이었다. 어머니의 말은 나에게 힘이 되었다. 어머니는 최근에 암과 싸우다 돌아가셨지만, 언제까지고 내 가슴속에 살아 계실 것이다.

윌리엄 워커 앳킨슨, 찰스 F. 해낼, 조 비테일, 나폴레온 힐 등과 같은 저술가들은 내가 올바른 마음가짐을 가지고 부를 끌어당기는 법칙에 통달하도록 이끌어준 멘토들이다. 멘토는 당신이 우러러보는 성공한 감독일 수도 있고, 당신이 모방하려는 업계의 선두 주자일 수도 있으며, 언제나 무슨 일이 있든 변함없이 당신을 지지하고 당신에게 동기를 부여하는 가족 구성원일 수도 있다.

멘토는 언제나 가까이에서 도움을 받을 수 있는 당신의 비밀 무기다. 멘토가 들려준 말들을 적어두고 늘 살핌으로써 도움을 받을 수 있다. 또 친한 친구에게 언제든 전화를 해서 도움말을 청할 수도 있다. 또 멘토로 정한 사람이 동영상을 만든다면 언제든 영상을 보면서 도움을 받을 수도 있다.

멘토십 컨설팅 업체 마이크로멘토MicroMento가 고객을 대상으로 설문 조사를 했는데, 조사 결과 멘토링을 받는 기업의 83퍼센트가 창업 이후 2년 이상 살아남았다. 그에 반해 멘토링을 받지 않은 기업의 2년 이상 생존률은 74퍼센트밖에 되지 않는 것으로 나타났다. 또 멘토링을 받는 기업은 그렇지 않은 기업에 비해서 신제품 출시를 한결 수월하게 하며, 또 매출 증가 폭이 더 큰 경향이 있다는 사실도 확인되었다.

멘토의 지도를 받으면서 다른 기업의 성공을 모방하는 것이야말로, 성공의 길을 빠르게 찾아가는 방법이다. 멘토는 지금까지 모든 것을 경험했고, 무언가를 해냈으며, 또 모든 것을 이기고 살아남은 사람이다. 그러므로 멘토를 곁에 둔다는 것은 멘토가 했던 실수와 혁신에서 소중한 교훈을 얻을 수 있다는 뜻이다. 멘토는 우리를 목표 지점에 조금이라도 빨리 다다르게 돕는다는 사실을 기억하자.


- 당신은 어떤 사람이 되고 싶은가?
- 당신이 되고자 하는 것을 이미 이룬 사람을 찾아내 그 사람이 한 일을 그대로 하라.

# CHANGE 16

# 돈보다
# 사람에게
# 투자하라

사람을 채용하는 일은 어렵다. 그러나 유능한 인재를 회사에 계속 머물게 하는 것은 더 힘들다. 유능한 인재가 회사에 계속 남아 있게 하려면 그 사람이 성장하도록 도와야 한다.

처음 회사를 시작했을 때, 나는 위대한 성공의 달인들을 연구했다. 그들이 쓴 책을 읽고, 강연 영상을 보고, 또 가끔은 그들이 마련한 세미나에 직접 참석하기도 했다. 나폴레온 힐, 조 비테일, 브라이언 트레이시, 잭 캔필드 같은 사람들에게서 배울 수 있는 것이라면 최대한 다 배웠다. 책을 펼쳐두고 연구했고, 요점을 정리했으며, 영감을 일깨우는 소중한 문구들을 적어 최대한 암기하려고 노력했다. 이 과정이 지나자, 어느 순간 나 자신도 누군가의 멘토가 될 준비가 되었다는 느낌이 들었다. 이후 회사 안에서 직원을 상대로 하는 소규모 강좌를 열었다. 또 직원이 새로 들어올 때마다 내가 성공 서적들을 읽으면서 중요하다고 여겼던 것들을 알려주려고 노력했다. 비록 서툴고 어색했지만, 그들이 한 번도 들어보지 못했을 정보를 나름대로 최선을 다해서 전했다. 사람들 앞에 나서서 이야기를 재미있게 풀어나가는 재주는 없어도, 내 열정이 그런 약점을 충분히 상쇄했다.

그동안 배운 모든 지식을 직원들에게 나누어주면서 그들이 성공하길 기원하는 이 단순한 행위는, 놀랍게도 직원들에게 영감을 불어넣었다. 직원들은 내가 어디에서 그런 지식을 습득했는지, 내가 읽은 책을 살 수 있는지 묻기 시작했다.

뚜렷한 목적을 지닌 직원은 한층 높은 생산성을 발휘한다. 더 나은 사람이 되려고 노력하는 직원은 조직에 헌신적이고 에너지가 넘치며 일에 열정적으로 매달린다. 내가 직원을 채용할 때마다 한 사람의 인간으로서 그들에게 목표가 있는지, 그 목표가 무엇인지 묻는 이유도 바로 여기에 있다. 나는 그들이 자신의 목표에 관해 말하는 걸 듣는 것을 무척 좋아한다.

직원이 자기 목표는 이러저러하다고 말하고 나면, 나는 그 직원이 한껏 더 힘을 낼 수 있게 도움이 되는 추가 질문을 한다. "그 목표를 달성하기 위해서 이번 주에 무엇을 할 수 있다고 생각합니까?", "이번 주가 아니라 이번 달, 그리고 올해에는 무엇을 할 수 있다고 생각합니까?" 직원으로 하여금 지금 당장 목표를 달성하기 위해 행동할 수 있음을, 그리고 커다란 목표를 달성하기 위해서 다음 몇 달 동안에 달성할 수 있는 사소한 것들이나 작은 목표들이 있음을 보여주는 것이다. 이런 유형의 질문은 특히 특정한 보고서가 필요하거나 정해진 시한 안에 끝내야 할 과제가 있을 때 던지는 질문이다. 나는 직원들에게 어떤 과제를 내일까지 끝내라고 말하지 않고 이렇게 말한다. "이 일을 내일까지 끝내려 한다면 당신이 지금 당장 할 수 있는 일이 무엇이라고 생각합니까?"

그러면 직원은 올바른 대답을 할 수도 있고, 아니면 내일까지 끝낼 수는 없지만 그다음 날까지는 끝낼 수 있다고 솔직하게 대답할 수도 있다. 또 이 질문을 통해 모든 사람이 참여해서 해법을 찾아내는 환경이 생성된다. 바로 이것이 직원에게 투자하는 한 가지 형식이다. 과제를 과연 어떤 방식으로 해결할 것인지 직원들에게 질문을 던짐으로써, 과제가 해결되는 방식에 특별히 관심을 가진다. 이런 질문과 답변 과정을 통해 직원들은 솔직하고 겸손해지며, 또 자기의 과제 해결 방식에 한층 큰 책임감을 느낀다. 이렇게 해서 신뢰 관계가 형성되고 강화되며, 추진하는 사업 하나하나를 모두 성공으로 이끈다.

## 한 명의 직원이라도 최선을 다한다

넨니를 우리 회사로 데려왔을 때를 예로 들어보자. 그는 늘 가까이에서 나를 보조하는 임원이다. 내가 사업을 시작한 초기부터 지금까지 늘 그랬다. 나는 넨니를 처음 본 순간에 그가 무슨 일에서든 판도를 뒤집는 중요한 역할을 할 사람임을 본능적으로 알아차렸다. 하지만 한 가지 문제가 있었다. 넨니는 이미 다른 일을 하고 있었으며, 그 일자리를 포기할 생각이 전혀 없었다.

한동안 넨니를 설득하려고 노력했다. 나와 함께 일을 하면 월급도 더 많이 주고 휴가 일수도 더 많이 보장해주겠다고 했지만, 내 제안은 번번이 정중하게 거절당했다. 당황스러웠다. 월급을 더 많이 주겠다는데 왜 내 제안을 거절할까? 그래서 한번은 저녁을 같이 먹기로 했다. 함께 식사하며 저녁 시간을 보내면서 넨니가 인생에서 소중하게 여기는 것이 무엇인지, 또 가장 두려워하는 것은 무엇인지 알아보기 위해서였다.

그렇게 이야기를 나누어보았더니, 넨니의 딸이 태국이 아닌 다른 나라에서 공부하고 있으며, 그는 혹시라도 딸의 유학 뒷바라지를 못하게 될까 봐 두려워한다는 사실을 알 수 있었다. 딸과 가까이 있으면서 딸의 교육을 보살피는 것, 이것이 넨니에게는 가장 큰 관심사였다. 월급을 조금 더 많이 받는 것에는 관심이 없었다. 어떻게 하면 딸의 인생에 조금이라도 더 도움이 될까 하는 생각에만 골몰했다.

넨니는 당시의 일자리에 헌신적으로 전념했다. 그렇게 하는 것이 딸의 미래에 가장 바람직하다고 믿었다. 모든 것이 오로지 딸에게만 초점이 맞추어져 있었다. 아무리 휴가 일수를 많이 보장해주어도 딸을 정기적으로 만날 수 없다는 사실은 달라지지 않았다. 월급을 많이 받아도 딸에게 더 가까이 다가갈 수 없었다. 그러니 그로서는 굳이 직장을 바꿀 이유가 없었다. 아무리 봐도 현재의 직장보다 더 안정적인 직장은 없었다. 넨니는 자신의 일자리에서 안정성을 보장받고 있었다. 그 일자리를 지키는 한 딸의 유학 뒷바라지를 하는 데 아무런 문제가 없었다.

나로서는 어떻게든 넨니를 우리 회사의 이사로 영입해야만 했다. 여러 가지 점에 비추어봤을 때, 회사가 성장하려면 꼭 필요한 사람이었다. 결국 파격적인 대우를 해서라도 넨니를 붙잡아야겠다고 마음먹었다. 그 파격적인 대우를 투자라고 생각했다. 넨니를 영입하는 것이야말로 장기적인 성공의 초석이라고 보았다.

그런데 어느 순간 내가 서두르고 있음을 깨달았다. 당장 신뢰를 얻으려고 안달했던 것이다. 그래서 시간을 들이더라도 넨니를 더 많이 알아야겠다고 생각했고, 대화를 통해 넨니 모녀 관계의 구체적인 내용까지 알게 되었다. 그러고 나서야 비로소 넨니에게 장기 계약을 제안할 수 있었다. 우리 회사에 와서도 헌신적으로 일하겠다고 약속한다면, 딸이 태국으로 올 때의 여행 경비뿐만 아니라 열여덟 살이 될 때까지 다닐 국제 학교의 등록금까지 부담하겠다고 했다.

이런 결정을 두고 위험한 판단이라며 고개를 갸웃하는 사람들도 있었다. 그들은 그런 파격적인 대우를 했는데도 넨니가 약속을 지키지 않고 다른 회사로 가버리면 어떻게 하겠느냐는 의문을 표했다. 물론 얼마든지 일어날 수 있는 일이었다. 직원 자녀의 교육비는 회사 자금의 올바른 사용처가 아니라고 말하는 사람들도 있었다. 그러나 나는 그렇게 생각하지 않았다.

보통 기업의 소유자들은 어디에 얼마를 투자할까? 대부분 기업이 커다란 효용을 가져다주리라 생각하며 투자하는 부분은 다음과 같다.

- 가장 최근에 자리를 비우고 떠난 직원보다 더 나은 자격을 갖추었으리라고 기대하는 신입 직원을 채용한다.
- 신규 고객이 신규 고객을 확보하는 데 들어간 비용보다 더 많은 수익을 안겨주리라고 믿으면서 적극적으로 신규 고객을 모집한다.
- 직원들이 회사에 만족하도록 만들어 이직률을 낮출 목적으로 인사관리 전문가를 채용한다.
- 직원들이 회사를 떠나지 않고 더 나은 성과를 올릴 것이라 기대하면서 직원들에게 높은 수준의 교육 훈련을 시킨다.
- 직원들이 높은 생산성을 발휘할 것이라고 믿으면서 성과급을 보상으로 제공한다.

- 직원들의 생산성과 제품 품질이 개선될 것이라고 기대하면서 신기술에 투자한다.

이 모든 투자는 사실 직원이 개인적으로 가장 중요하게 여기는 관심사에 투자할 때와 동일한 위험을 안고 있다. 두 가지 방법 모두 처음 기대하던 효과가 발생하지 않을 수 있다는 말이다. 투자에는 위험이 따를 수밖에 없다. 그러니 투자 자체에 가치를 부여해야 한다. 나는 기술이나 인프라에 투자하는 것보다 직원에게 투자하는 것이 내가 설정한 법칙, 즉 돈을 끌어당기는 일에 더 잘 들어맞는다고 믿는다.

지난 세월 동안 넨니와 나는 끈끈한 신뢰의 유대감을 형성해왔고, 그 덕분에 스트레스가 극심할 때마다 넨니에게 의지할 수 있었다. 나는 넨니가 누구보다도 회사를 위해 노력하고 있음을 안다. 넨니는 현재 우리 회사에서 최장기 근속자로 근무 중이다.

직원을 신규 채용하고 자기 목표를 설정하도록 도운 뒤에는, 그 직원이 목표를 달성하기 위해 내가 해줄 수 있는 것이 무엇인지 살핀다. 이렇게 하면 직원들은 내가 자기에게 투자하고 있다는 사실을 깨닫는다. 나는 직원이 설정한 목표를 사무실 벽에 적어둔다. 사무실의 다른 직원들이 그 직원이 무엇을 목표로 삼고 있는지 알아보도록 하려는 것이다. 또한 직원들에게 각자 목표 달성을 위해 서로 응원하라고 한다. 이런 유형의 상호 지원은 또 다른 차원의 투자다. 이렇게 하면 팀 구성원들은 모두 자기 목표를 달성하려고 서로 돕기 시작한다. 그리고 직원들이 서로의 열정을 자극하기 때문에 회사는 계속해서 비약적으로 성장할 수밖에 없다. 직원들이 행복해하며 인생의 모든 측면에서 성공을 향해 달려가므로, 회사가 성장하지 않는다면 오히려 이상하다. 이렇게 직원과 팀에 한층 깊이 투자할 때, 직원은 목표가 금전적인 것이든, 새로운 기회와 관련된 것이든, 경험과 관련된 것이든 한결 쉽게 달성한다.

나는 직원들에게 내가 무엇을 기대하는지 확실하게 깨닫도록 만든다. 또 회사의 구성원으로서 자신들이 회사 조직에 얼마나 중요한 존재인지 깨달을 수 있도록 방법을 모색한다. 또한 그들이 회사 바깥에서 보내는 삶이 한층 더 나아질 수 있는, 그리하여 근무 시간에 일을 할 때는 한층 집중해서 더 나은 성과를 낼 수 있는 온갖 방안들을 마련하려고 노력한다. 이것을 나는 윈윈win-win 관계라고 생각하며, 내가 운영하는 모든 회사에 이런 관계가 형성되어 있다는 사실에 자부심을 느낀다. 우리 회사에서는 모든 사람이 서로 연결되어 있으며, 위대한 성공을 달성하기 위해 서로 격려하며 함께 노력한다.

당신의 회사에도 이런 문화를 만들어보면 어떨까? 장담하건대, 분명 당신이 생각지도 못했을 정도로 멋진 결과가 펼쳐질 것이다. 성공으로 가는 길이 가까워지는 것은 물론, 그 성공을 함께할 사람들이 계속해서 늘어나고 한층 더 풍족한 기회를 누리게 된다. 무엇보다 중요한 것은 기술이나 인프라가 아닌 사람 그 자체임을 명심하

자. 돈보다는 사람에게 투자해야 한다는 사실은 부를 끌어당기는 가장 기본적인 원칙임을 기억하라.

- 회사 안에서든, 회사 밖에서든 당신의 직원이 그들의 인생에서 더 많은 것을 성취할 수 있도록 진심으로 도와라.

# CHANGE 17

# 온정과
# 냉혹함의
# 균형을 찾는다

몇 년 전 일이다. 입사 이후 늘 높은 성과를 내던 판매팀 직원이 있었다. 이름을 밝힐 수는 없으니 그냥 '롭'이라고 부르겠다. 어느 날, 그가 처음으로 나쁜 실적을 기록했다. 실적이 나빠지자 롭은 사무실에서 불평을 늘어놓기 시작했다.

"고객의 씨가 말라버렸어. 시장이 죽었어."

"경쟁자들이 너무 많이 생겼어. 너무 힘든 상황이야."

"나에게 걸리는 고객은 어째 모두 가난뱅이뿐이야, 재수 없게 말이야."

보다 못한 나는 롭을 내 사무실로 불렀고, 롭은 변명을 반복했다. 나는 실적이 나쁜 달은 얼마든지 있을 수 있으며 충분히 이해한다고 했고, 한 달 나쁜 실적을 보였다고 그의 능력을 나쁘게 평가하지 않는다는 사실을 알아듣게 이야기했다. 그러고 나서 브라이언 트레이시 같은 영업의 귀재들이 자기 비법을 이야기하는 인터넷 동영상 몇 개를 소개하면서 꼭 찾아서 보라고 했다. 유익한 기사도 몇 개 소개하면서 읽어보라고 말해주었다. 롭이 다시 자기 일에 열중할 수 있도록 만들려는 노력이었다. 그렇지만 그는 내내 심드렁한 표정이었다. 사무실에서 나갈 때까지도 표정은 바뀌지 않았다.

롭은 판매팀에서 다섯 손가락 안에 꼽히는 유능한 직원이었다. 이런 직원이 기가 꺾이고 의욕을 잃어버리는 걸 가만히 두고 볼 수 없었다. 그래서 어떡하든 롭이 다시 예전처럼 활기를 되찾길 바라면서, 그에게 필요하다 싶은 지식과 의견을 제시하느라고 무척 애를 썼다. 나름대로 그에게 열심히 투자한 셈이었다. 그러면서 온갖 불평을 늘어놓던 그를 눈감아주었다. 하지만 이는 잘못된 선택이었다.

롭을 사무실로 불러서 이야기를 나누고 며칠이 지난 뒤였는데, 그는 이제 사무실에서 판매팀 다른 직원들과 마케팅팀 직원들을 상대로 대놓고 불평을 하기 시작했다.

"내가 그래도 최고 실적을 올리던 사람이었는데, 이런 내가 거둔 실적이 이 정도밖에 안 된다면, 무언가 심각하게 잘못된 거야."

"경쟁 업체들이 점점 우리보다 우위에 서고 있어. 고객들도 점점 더 그쪽으로 몰려가고 말이야. 회사 상황이 점점 나빠지고 있어."

롭의 암적인 영향력이 회사 안에 빠르게 퍼져나갔다. 그리고 몇 주 지나지 않아 판매 직원과 마케팅 직원의 절반이 롭과 똑같이 말하기 시작했다. 사무실 안에서는 이런 말들이 돌아다녔다.

"롭이 경쟁 업체로 자리를 옮길 것 같지 않아?"

"이번 주 데이비드 실적 봤어? 롭도 죽을 쑤고 있는데 데이비드라고 별수 있겠어? 정말 뭔가 안 좋은 일이 진행되고 있나 봐."

팀의 자신감과 단호함, 그리고 동기 부여가 흔들리고 있음은 누가 봐도 분명했다. 거기에 따라 실적도 꾸준한 하락세를 보였다. 하지만 그 상황에서도 나는 롭이 우리 회사에서 나가면 회사의 매출이 크게 타격을 입을 것이라는 걱정만 했다. 내가 상상한 최악의 상황은, 롭이 회사를 떠나고 판매팀 다른 직원들도 연쇄적으로 회사를 떠나는 것이었다. 당시의 나는 긍정적인 조직을 구축하는 것보다 판매 실적이라는 결과를 더 중시한 셈이다. 그러나 결과를 중시하면 걱정과 불안이 따르게 마련이며, 성급한 의사 결정을 내리게 된다.

나는 롭을 한 차례 더 불러서 긍정적으로 생각하라고, 회사 내에서 부정적인 이야기를 하지 말라고 당부했다. 그러자 롭은 회사 안에서 떠도는 흉흉한 이야기들은 자기 입에서 나온 게 아니며, 실적이 낮은 직원들이 질투심에 눈이 멀어서 그런 얘기를 지어냈다고 설명했다. 그러면서 문제의 핵심은 자기가 아니라, 모든 사람이 다 입을 모아 얘기하는 시장 상황의 암울함이라고 강조했다.

나는 깊은 고민에 빠졌다. 대체 이 상황을 어떻게 해결하면 좋을까? 그러다 몇년 전, 브라이언 트레이시에게 들은 한마디 조언이 생각났다. 당시 나는 내가 운영하는 회사의 직원들을 위해서 성공을 주제로 한 세미나를 마련했다. 성공을 바라보는 또 다른 관점을 제시하는 강연을 열기 위해 위대한 성공 컨설턴트 몇 명을 초빙했다. 그들 가운데 한 사람이 브라이언 트레이시였다. 트레이시는 70권이 넘는 책을 냈으며, 이 책들은 전 세계에서 몇십 개 언어로 번역되어 베스트셀러에 올랐다. 대표작으로 『백만불짜리 습관』, 『개구리를 먹어라!』, 『겟 스마트』 등이 있다.

행사가 끝난 뒤에 그와 개인적으로 만나서 이야기를 나누었다. 나는 그에게 회사를 성장시키는 과정에 있는 기업가에게 해줄 수 있는 가장 좋은 조언이 무엇이냐고 물었다. 대답은 단순했다.

"당신이 어떤 직원에게 가르침을 주고 영감을 불어넣고 또 직원을 지도하려고 최선을 다했음에도 그 직원이 더는 나아지지 않는다면, 망설이지도 말고 기다리지도 말고 최대한 빨리 그 직원을 내보내라."

그렇다. 부정적인 태도를 가진 직원을 곧바로 정리하는 것. 이는 내가 들었던 최고의 조언이었다.

나는 즉시 이 전략을 채택했고, 롭을 내 사무실로 불러서 더 나은 직장을 찾아보라고 말했다. 덕분에 나쁜 세포가 끼칠 장기적인 해악에서 팀의 다른 구성원들과 나 자신, 그리고 우리 회사를 보호

체인저블

할 수 있었다.

훌륭한 팀과 훌륭한 회사가 부정성 때문에 바닥으로 곤두박질친 사례를 많이 보았다. 아무리 훌륭한 팀워크라고 하더라도, 부정성이 자리를 잡으면 사람들의 긍정적인 태도가 오염되면서 팀워크가 허물어지기 시작한다. 팀플레이를 하지 않는 직원이나 부정적인 태도를 가진 구성원이 있을 때는 반드시 이런 일이 일어난다.

사실 회사를 키워나가려고 애를 쓰는 상황에서 부정적인 태도를 보이고 있다는 이유로 실적이 좋은 직원을 내보내기란 쉽지 않다. 물론 일시적이지만, 그로 인해 회사 실적이 휘청거릴 수도 있다. 그러나 이런 것에 연연하면 안 된다. 실적이라는 결과보다는 긍정성을 언제나 우선시해야 한다. 떨어진 실적은 다시 올릴 수 있지만, 부정적인 태도를 가진 직원이 팀과 회사 조직에 끼치는 나쁜 결과는 결코 되돌릴 수 없다. 이런 상황을 미연에 방지하려면 앞에서 언급했듯, 직원을 채용할 때 직원이 어떤 사람이며 어떤 목표를 설정하고 있는지, 또 그를 열심히 일하도록 등을 떠미는 요소가 무엇인지, 무엇에 열정을 가지는지 알려고 노력해야 한다. 그가 목표를 설정하고 있지 않다면, 목표를 올바르게 설정하도록 이끌고 성취하도록 도와야 한다.

때로 어떤 직원은 내가 소개해준 책을 읽으려 하지 않거나 제안한 훈련법을 실천하려 하지 않는다. 어떤 직원은 학습 자체를 싫어해서 회피하기도 한다. 이런 모습을 확인하고 나면 그 직원에 대해 다음의 세 가지 사실을 추론할 수 있다.

첫째 이 사람은 팀 플레이어가 아니다.

둘째 이 사람은 자기 자신만 생각할 뿐, 다른 사람을 돕는 데는 전혀 관심이 없다.

셋째 이 사람에게는 자기 계발 동기가 없으며, 내가 이런 지적을 하면 곧바로 이렇게 반발할 것이다. "안드레스, 당신이 추천하는 책을 읽지 않는다거나 당신이 제안한 목표 설정 훈련법이나 시각화 훈련법을 실천하지 않는다고 해서, 팀 플레이어가 아니라고 결론을 내리는 것은 잘못된 겁니다."

분명히 말하지만, 어떤 직원에게 이런저런 책을 읽으라거나 훈련법을 실천하라고 말한다고 해서 내 믿음을 맹목적으로 받아들이라는 뜻은 아니다. 자기 의견을 포기하라고 강요하는 것도, 내가 소개한 책에 나오는 내용을 그대로 모방하거나 앵무새처럼 달달 외우라는 것도 아니다. 그저 여러 가지 가능성과 새로운 발상에 마음의 문을 활짝 열라는 뜻이다. 이런 태도야말로 개인적으로든 팀이나 회사라는 조직에서든, 성공에 다다르는 데 필수적인 요소다. 성장하고 싶은 직원이라면 새로운 것을 시도해보고 자기에게 잘 맞는지 확인해봐야 한다. 팀 문화에 적극적으로 참여해 다른 사람들의 생각과 의견을 수용하며 새로운 가능성을 열고, 팀을 더 낫게, 크게 성장시

체인저블

키는 작업에 기꺼이 참여해야 한다. 또 자아실현 욕구를 기르기 위해 노력해야 한다.

학습을 회피하는 부정적인 사람은 팀과 조직에서 곧바로 잘라내야 한다. 이렇게 해야 부정성이라는 나쁜 세포가 조직에 뿌리를 내리지 못하며, 다른 직원들에게도 타산지석의 교훈이 될 수 있다. 또 직원들도 긍정성이야말로 결코 포기할 수 없는 조직의 핵심적인 문화임을 깨닫게 된다.

## 좋은 조직 문화를 만들려면

감정은 전염성이 있어서 밀접하게 접촉하는 사람들 사이에서 마치 감기처럼 쉽게 퍼진다. 이는 이미 과학적으로 입증된 사실이기도 하다. 무슨 일이 있더라도 내가 절대로 뒷공론하지 말 것을 회사, 부서, 팀, 심지어 가족 사이에서도 철칙으로 삼는 이유가 바로 여기에 있다. 뒷공론은 부정성을 낳고 키운다.

어쩌다가 뒷말을 하는 자리에 끼게 되면 나는 화장실에 간다거나 급하게 전화할 데가 있다는 핑계를 대며 자리를 피한다. 절대 부정적인 에너지가 나를 흔들도록 두지 않는다. 부정적인 에너지는 인생에서 한층 복잡하고 많은 문제를 일으킨다. 회사에서도 마찬가지다.

사적인 대화가 직장에서 뒷공론 소재가 되면, 직원들 사이에 신뢰가 무너진다. 직원들이 뒷공론에 지나치게 몰두하면 직원들의 사기도 떨어질 수 있다. 당연한 결과로, 나중에 이 직원들은 회사를 그만둘 것이다.

어떤 직원이 직장 내 뒷공론 소재가 되면 단합을 깨는 치명적인 환경이 직장 내에 조성된다. 뒷공론에 지나치게 몰두한 직원은 일에 집중하지 못할 것이고, 당연히 생산성이 떨어질 수밖에 없다.

중요한 것은 언제나 긍정적으로 행동하고, 다른 팀 구성원들이 자유롭게 생각하고 협력하도록 기운을 북돋우며, 개인적인 발전에 초점을 맞추고, 늘 주도적인 태도를 견지하는 직원들로 구성된 팀을 만드는 일이다. 이런 경우에는 작업 속도, 생산성, 충성심, 업무 만족도, 회사의 성장과 수익성 증가 등 회사의 모든 측면에서 한층 긍정적인 결과가 뒤따른다.

자기를 믿어주는 사람, 자기에게 긍정적인 힘을 주는 사람들을 주변에 둬라. 부정적인 사람은 최대한 신속하게 멀리하라. 주변에 있는 사람들의 모습이 곧 나의 모습이 된다. 뒷공론은 직장에서 부정성을 낳는 가장 큰 요인이라고 확신한다. 그래서 나는 내가 뒷공론에 관한 한 무관용의 원칙을 가지고 있음을 누구나 다 알도록 직원들에게 공유하곤 한다. 사실 우리는 누구나 한 번씩은 뒷공론을 한다. 하지만 대부분이 뒷공론을 좋아하지 않는다고 말한다. 뒷공론에 관한 개인적인 기호와 상관없이, 긍정적이고 집중적인 직장 분위

체인저블

기가 마련되려면 뒷공론이 없어져야 한다.

뒷공론이란 개인적이거나 선정적이거나 어딘지 은밀한 소문을 놓고 숙덕거리는 대화다. 험담꾼은 이런 은밀하고 개인적인 소문이나 사실을 습관적으로 떠벌린다. 사실 뒷공론은 사람들이 일반적으로 하는 행위이기도 하다. 또한 자발적으로 선택해서 하기도 하고, 어쩌다 보니 분위기에 휩쓸려 하기도 한다.

뒷공론에 대해 좀 더 자세하게 알아보자. 우선, 뒷공론에는 그 자리에 없는 사람이 주인공으로 등장한다. 뒷공론에 나오는 이야기는 대개 그 사람의 신뢰나 평판에 해를 끼칠 수 있는 추측성 이야기다. 그리고 그를 욕하는 것도 뒷공론에 포함된다.

뒷공론 없이 일에만 집중하는 회사를 만들기 위해 다음과 같이 다짐하자.

- 일과 관련된 칭찬이나 참조할 만한 내용이 아닌 한, 그 자리에 없는 사람을 은근슬쩍 화제에 올려서 욕하지 않는다.
- 그 자리에 없는 누군가를 부정적으로 평가하는 대화에 참여하지 않는다. 그런 대화가 시작되면 화제를 바꾸거나, 그런 말을 시작하는 사람에게 뒷공론하지 않기로 스스로 약속했다고 말한다.
- 회사 내의 어떤 사람에 대한 개인적이거나 무례한 정보를 담은 이메일을 보내지도, 그런 이메일에 답장하지도 않는다.
- 쉬는 시간에는 함께 일하는 사람들에 대해서 동료와 우호적으로 이

야기를 나눈다.

- 부서 내의 어떤 사람이 비윤리적이고 절차를 어기거나 파괴적인 어떤 행동을 하면, 책임이 있는 사람이 개입해서 잘못된 것을 바로잡을 수 있도록 적절한 경로를 찾아서 보고한다.
- 자기 일에만 신경을 쓰면서 일을 열심히 하고 전문성을 갖춘 어른이 되기 위해 노력한다. 또한 다른 사람들에게도 내가 하는 것과 똑같은 것을 기대한다.

나는 부정적인 태도를 가진 사람을 '울림 있는 나눔의 법칙'과 일치하는 방식으로 제거하는 방법을 개발했다. 부정적인 태도를 가지고 있거나 실적이 나빠서 내보내야 할 사람이 있으면, 그 사람과 가장 긍정적인 방식으로 개인적인 합의를 한다.

먼저 그 사람을 따로 조용한 회의실로 불러서 그 사람이 현재의 자리에 맞지 않는다는 사실을 알게 해준다. 그리고 한 달 치 봉급을 따로 챙겨주겠다고 말한다. 이런 조치는 새로운 일자리를 알아보도록 시간을 벌게 해주어, 그 사람이 받을 스트레스를 조금이나마 덜어준다. 그리고 추천서를 잘 써주겠다고 약속한다. 그 사람이 비록 우리 회사에서는 최고의 인재가 아닐지 몰라도 다른 회사에서는 탁월한 능력을 발휘할 수도 있기 때문이다. 나는 함께 일하거나 만나는 사람에게 언제나 공정하게 행동한다는 사실에 자부심을 가지고 있다. 내가 사람을 대하는 어떤 방식이 다른 사람들이 나중에 나를 대하게 될 방식과 다르지 않으리라는 사실을 알기 때문이다.

　좋은 조직 문화를 만들기 위해서는 뒷공론을 없애고 사내의 부정적인 기운을 없애야 한다는 사실을 잊지 말자. 그것만이 당신을 성공의 위치로 끌어올려줄 것이다.


- 뒷공론하는 자리에 끼지 않기는 무척 어렵지만,
- 뒷공론에 가담하면 인생이 한순간에 뒤집어질 수도 있음을 명심하라.

# CHANGE 18

# 하라, 되어라,
# 가라, 가져라

인생은 단 한 번이다. 제대로만 산다면 인생은 한 번만으로도 충분하다. 그래서 나는 한 번뿐인 인생을 후회 없이 살다 가려고 끊임없이 노력한다.

1년 내내 맑은 햇살이 비치고, 환상적인 음식이 널려 있으며, 낙천적인 문화가 펼쳐지는 태국에서 사는 즐거운 인생. 이것이 내가 스톡홀름의 어두운 뒷골목을 헤맬 때 꾸었던 꿈이다. 결코 우연히 태국에 정착한 것은 아니었다. 태국에 가는 데 꼭 필요한 항공권과 버스 승차권을 구하려고 노력했다. 또 태국에 도착해서는 내가 꿈꾸던 미래를 튼튼하게 쌓아 올리는 일에 초점을 맞추고 집중했다. 그러다 보니 애초에 상상하던 것보다 훨씬 더 멀리 나아갔다. 이런저런 사업을 하며 실패했다가 다시 일어서길 반복한 끝에 지금 이 자리까지 왔다. 지금은 태국에서 마음 가득 자부심을 가지고 살고 있다. 그뿐만이 아니다. 나는 다른 사람들을 위한 화려한 휴가 여행지를 개발하는 일도 하지만, 푸껫에서 마치 하루하루가 휴가인 것처럼 살겠다는 특별한 목표도 가지고 있다. 나는 태국의 수많은 백사장에서 많은 시간을 보냈으며, 안다만해를 항해하고 다이빙을 즐겼다. 또 따뜻한 햇볕을 받으며 태국의 산들을 오르기도 좋아한다. 해가 지고 나면 길거리 좌판에서부터 별점이 높고 전망이 환상적인 레스토랑에 이르기까지, 푸껫의 유명한 먹거리가 내 눈앞에 화려하게 펼쳐진다. 인생을 풍성하게 살려면 굳이 멀리까지 여행할 필요가 없음을 나는 일찌감치 깨달았다. 당신도 마찬가지다. 지금 당장 당신이 있는 곳에서부터 시작할 수 있다. 이를 위해 지금부터 설명할 하라Do, 되어라Be, 가라Go, 가져라Have의 법칙을 실행해보자.

세계적인 챔피언 선수 마이크 타이슨과 인터뷰를 한 적이 있다. 그에게 챔피언이 될지 언제 알았느냐고 묻자 열네 살 때라고 대답했다. 아직 데뷔도 하기 전이었지만, 비록 마음속에서라도 성공한 미래를 상상하는 것이 얼마나 중요한지 그는 잘 알았다. 열네 살에 이미 세계 챔피언이 되었을 때의 느낌이 어떤지 알았던 것이다. 그때 링 위에서 상대를 연이어 쓰러뜨리는 모습을 상상했고, 마침내 헤비

급 챔피언 벨트를 두른 자기 이름을 연호하는 사람들의 외침을 들었으며, 세계 최고가 되었다는 자부심을 느꼈다. 그는 자기가 이룩하게 될 업적을 상상하면서 일주일에 5일씩 훈련을 했고Do, 할 수 있는 모든 경기에 다 나서는 선수가 되었으며Be, 더 많은 타이틀을 따기 위해 싸우기 두려운 상대와 대적하러 링 안으로 뛰어들었고Go, 자신감과 목적의식을 가지고 승리와 패배, 칭찬과 비판으로 점철되는 권투계와 연예계의 경력을 끝내 자기 것으로 만들었다Have.

'하라, 되어라, 가라, 가져라'의 법칙을 정리해보면 다음과 같다.

- 부와 무제한의 기회를 당신 인생으로 끌어당기는 데 필요한 행동을 하라.
- 당신의 미래가 현실로 이루어지도록 초점을 맞추는 사람이 되어라.
- 익숙한 환경에서 벗어나라. 기꺼이 위험을 무릅쓰고, 자기 자신을 믿으며 목표를 향해 가라.
- 할 수 있다는 자신감과 믿음을 가져라.

인생을 풍성하게 누리고 후회 없는 삶을 사는 데 돈은 중요 요소가 아니다. 『부자 아빠 가난한 아빠』의 저자 로버트 기요사키는 "쥐들이 벌이는 경주에서 빠져나와라"라고 말한다. 나는 내 시간과 돈을 여행과 휴가를 즐기고 가까운 친구들과 가족, 직원들과 관계를 돈독하게 만드는 데 쓴다. 즉 내가 마음대로 쓸 수 있는 소득 대부분을 경험을 만들고 공유하는 데 쓴다. 여유가 있을 때마다 '쥐들이 벌이는 경주'에서 벗어나 가까운 사람들과 함께 모험이나 여행을 다니면, 많은 것들이 저절로 찾아온다. 예를 들면 이런 것들이다.

- 열정적인 인생을 살아갈 수 있다.
- 주변 사람들에게 영감을 불어넣을 수 있다.
- 내가 주변 사람들을 얼마나 소중하게 여기는지 그 사람들에게 보여줄 수 있다.
- 사람들이 내 곁에 좀 더 가까이 다가오게 만듦으로써 더 나은 리더가 될 수 있다.
- 스스로 동기를 부여하는 것은 물론, 직원들에게도 재충전의 시간을 줌으로써 회사의 생산성을 높일 수 있다.
- 개인적인 차원에서뿐만 아니라 사업적인 차원에서 더 크게 생각하고, 더 많이 현실에 집중하며, 더 많은 재산 증식의 기회를 끌어당길 수 있도록 영감을 얻는 진귀한 경험을 쌓을 수 있다.

같은 맥락으로, 회사 안에서 '하라, 되어라, 가라, 가져라'의 문화를 만들어보자. 내가 운영하는 모든 회사에는 '일생에 단 한 번'이라는 문화가 있다. 우리는 독특한 사업을 전개하고, 다른 어떤 기업도 거둔 적이 없던 성공을 거두며, 이 성공을 서사적으로 축하한다. 아무리 많은 봉급도 이런 문화의 경험을 대체하지 못한다. '일생에 단 한 번'이라는 문화는 회사를 향한 직원의 충성심을 강화한다. 일생에 단 한 번 이득을 가져다주는 일생에 단 한 번뿐인 일자리는 금전적으로나 경험적으로 모든 사람에게 매력적이다.

우리 팀이 또 다른 모험을 시작하면 다른 사람들은 우리를 보고 미쳤다고 말한다. 하지만 결국에는 혁신가라고 인정받는다. 태국에서 가장 생산적이고 자신감에 넘치며 또 성공한 기업들을 일구었기 때문이다. 우리 회사들은 지금까지 국내외의 온갖 상들을 많이 받았으며, 앞으로도 그럴 것이다.

나는 사람들에게 태국의 여러 해변에서 몇억 달러를 번 기업의 소유주로 기억되고 싶지 않다. 나는 사람들이 나에 대해 이렇게 말하기를 바란다.

"안드레스는 인생을 살면서 사람들과 함께 여러 가지 최고의 추억을 만들어낸 리더였다. 그는 선한 영향력을 발휘했다. 그는 선함의 힘을 가지고서 세계에 어떤 변화를 만들어내는 데 기여했다."

이런 시각화는 무척 매력적이어서, 개인적인 삶이나 기업 운영에서 의사 결정을 하거나 방향을 정할 때도 중요한 지침으로 작동한다. 이 시각화 기법을 직원들에게 지금까지도 계속 권하고 있으며, 덕분에 직원들은 한층 깊은 차원에서 나를 신뢰한다. 내가 새로운 아이디어를 제시하거나 어떤 프로젝트의 방향을 바꾸면, 직원들은 내가 무엇을 하는지 잘 이해하지 못한다고 하더라도 고객과 협력업체, 그리고 직원들을 위한 최선의 방향을 찾았을 것이라고 믿어준다. 직원들이 보여주는 신뢰는 갑작스러운 역풍이 불어닥칠 때나 경기가 시들해질 때 특히 도움이 된다. 우리 회사 직원들과 팀들은 "사장이라는 사람이 절차를 무시하잖아"라거나 "사장이 무언가 사심을 가지고 있어"라거나 "사장은 우리 말을 듣지도 않아"와 같은 결론을 성급하게 내리지 않고, 나를 온전히 믿고 모든 것이 다시 성공을 향해 나아가도록 팔을 걷어붙이고 나서서 나를 돕는다. 그들은 나의 동기를 믿으며, 이 동기는 우리 회사 조직의 구석구석에까지 녹아 있다.

중요한 것은 지금 당신이 가진 회사의 규모가 어떻든, 이를 상관하지 않고 당장 행동에 나서는 일이다. 그런데 내가 사업에서 성공한 이야기를 할 때마다 들려오는 비판의 소리가 있다.

"당신 회사는 크고 돈도 많잖아요. 그런 얘기는 이제 막 창업한 회사나 규모가 작은 회사에서는 어림도 없습니다."

내가 제시하는 방법은 사실 현금 보유액과 전혀 상관이 없다. 하지만 이런 비판은 오히려 내 법칙이 적은 자원으로도 큰 가능성을 열어줄 수 있다는 걸 설명하고 입증할 자리를 만들어주는 셈이기 때문에, 솔직히 이런 말이 무척 반갑다.

'일생에 단 한 번'이라는 문화는 회사가 자산을 얼마나 많이 보유하고 있느냐 하는 문제가 아니다. 중요한 것은 근본적인 기업 문화를 다지는 데 있다. '하라, 되어라, 가라, 가져라'의 법칙을 기업주의 입장에서 적용해보자.

먼저 직원들을 하나로 묶어주는 행동을 장려하라Do. 그리고 기업 전체가 나서는 어떤 활동이 진행되는 동안에 나타나는 긍정적인 감정들에 초점이 맞추는 사람이 되어라Be. 위험을 무릅쓰고서라도, 직원 모두의 기대치를 훌쩍 뛰어넘을 만한 목표를 향해 가라Go. 마지막으로, 직원들이 자신의 맡은 일을 잘 수행하고 공동의 목표를 이룰 수 있을 것이라는 믿음과 자신감을 가져라Have.

## 일터에서 행복을 찾는 법

직원들에게 '일생에 단 한 번'의 효과를 불어넣고, 그들이 일터에서 행복을 찾을 수 있게 하려면 어떻게 해야 할까? 첫 번째는 공익적인 차원의 목적을 찾도록 돕는 것이다. 나는 자원봉사 활동을 무척 좋아한다. 이런 활동이야말로 울림 있는 나눔의 최고 형태다. 자원봉사는 긍정적인 마음가짐으로 들어서는 환상적인 길이며, 함께하는 사람들의 사기를 믿을 수 없을 정도로 높여준다. 앞에서도 확인했지만, 선행을 베풀 때 긍정적인 효과가 많다는 사실은 과학적으로도 입증되었다. 그러니 자기가 속한 지역의 공동체에 도움을 주는 일을 마다할 이유가 있을까?

다국적 컨설팅 회사인 딜로이트Deloitte는 직원 몰입의 최고 형태는 직원이 자기가 하는 일에서 공공의 목적을 발견하도록 돕는 데서 나온다고 말한다. 다시 말해, 경험을 공유하는 밀접한 관계를 만들어내는 게 중요하다는 뜻인데, 사실 여기에는 돈이 별로 많이 들지도 않는다.

네덜란드 보험사 에이온Aon의 파트너로서 종업원 경영 참여 활동 분야에서 일하는 돈 맥퍼슨은 이렇게 말하기도 했다.

"우리는 모두 자기 삶의 의미를 찾고 있으며, 공동체에 기여하며 사회적 책임을 다하는 조직에서 일하고 싶어 한다."

콜린 마틴은 정유 공장에서 온종일 기계의 눈금을 바라보는, 지겹기 짝이 없는 일을 하는 파트타임 노동자들을 관리한다. 그는 다음과 같이 말했다.

"이 사람들에게 정해진 일이 아닌 다른 일을 시키면, 그들은 기쁜 마음으로 한다. 회사가 자기에게 신경 쓰고 있음을 알고 고마워하기 때문이다."

마틴은 그 일을 조금이라도 덜 지루하게 해주려고 직원들에게 색다른 서비스 분야의 프로젝트를 수행할 기회를 주기 시작했다. '해비타드'집 없는 사람들에게 거주 시설을 제공하는 비영리기관•옮긴이 활동의 일환으로 집을 짓는 일에 동참하거나, 중동에 있는 장병들에게 위문편지를 쓰거나, 보육원에 있는 아이들에게 재능을 기부하는 등의 활동을 할 수 있도록 해주었다. 이는 종업원 경영 참여 및 문화 기획의 대표적인 사례다.

일터를 생기 넘치게 만드는 또 다른 요소는 보상과 인정이다.

예를 들어 디즈니의 직원들은 고객 경험이 무엇보다 중요함을 잘 안다. 이들은 자기가 하는 일과 고객이 느끼는 감정이 매우 직접적으로 연결되어 있다고 말하며, 고객에게 특별한 경험을 만들어주려고 특별한 노력을 한다. 이들은 자기에게 주어진 일을 한층 더 잘 수행함으로써 고객 경험에 자기가 집단적으로뿐만 아니라 개인적으로 기여하는 부분까지 인정받는다.

그러나 선물이나 보너스가 아무런 팡파르도 없이 무성의하게 전달되는 경우가 너무도 많다. 텔레마케터로 일하던 첫 직장에서는, 'ㅇ월의 우수 직원'이니 '판매왕'이니 하는 이름으로 보상을 하면서도 그저 현금을 몇 푼 건네주는 게 전부였다. 특별한 이벤트라는 게 없었다. '일생에 단 한 번'이라는 감정을 느낄 구석이 전혀 없었던 것이다. 타코벨과 KFC, 그 밖의 여러 식당 체인점을 거느리는 모기업 얌 브랜드Yum Brands Inc.에 관한 책을 읽으면서, 나는 우리만의 독특한 근무 환경을 만들어야겠다는 생각을 했다. 얌 브랜드에서는 성과가 좋은 직원에게 보상할 때 탬버린, 뿔피리, 방울 등을 동원해 분위기를 돋운다. 한 달에 한 번씩 돌아가면서 회사의 리더가 맨 앞에 서서 직원 한 무리를 이끌고 음악을 연주하면서 회사가 있는 건물을 한 바퀴 도는 퍼레이드를 벌이기도 한다. 이 퍼레이드는 그달에 가장 큰 성과를 올린 팀의 노력을 높이 평가하고 기림과 동시에 우수 직원으로 선발된 직원 예닐곱 명에게 보상해주기 위한 이벤트다. 자기 이름을 내걸고 퍼레이드를 벌일 기회가 우리 인생에서 과연 몇 번이나 있겠는가?

인정과 보상 외에도, 직원들의 사기를 높이고 행복한 일터를 만들려면 즉흥적인 이벤트도 좋다. 깜짝 선물을 누가 좋아하지 않겠는가? 마음에서 우러나는 단순하고 즉흥적인 행위 하나로 그 행위의 대상이 되는 사람은 충분히 행복해진다. 그 행위에서 비롯되는 결과는 오히려 부차적이다. 즉흥적인 이벤트의 목표는 갑작스러운 행복감을 만들어내는 것이다. 갑작스러운 행복감은 대부분 실제 생활에서 경험하지 않는 것이므로 특별할 수밖에 없다.

깜짝 점심 식사, 단체 심야 영화 관람, 아침 회의에서 나누는 깜짝 다과, 일과 시간 도중에 갑작스럽게 마련된 소풍 등이 즉흥적인 이벤트라고 할 수 있다. 회사 사장이거나 관리자인 당신이 금요일 오후에 직원들에게 한 시간 일찍 퇴근하라고 말한다고 치자. 직원들이 어떤 반응을 보일지 상상해보라. 직원들을 위해서 평소에 하지 않던 일을 하기로 한 당신의 결정이 미치는 효과는 오랫동안 지속될 것이다.

직원들에게 행복을 주는 요소는 더 있다. 솔직하게 터놓고 얘기해보자. 아무리 일을 사랑하는 직원이라도 휴가를 기대할 것이고, 어떤 목적에서든 개인적인 볼일을 위해 하루를 쉬어야 할 수도 있다. 당신이 관리자나 사장이라면 직원들이 정당한 휴가를 쓸 때 죄의식을 느끼게 하지 마라. 직원에게 정신적으로 재충전할 시간을 줘야만 직원이 참신한 발상을 떠올리며 성과를 낼 수 있다.

중소기업 대상 온라인 대출 업체인 캐비지Kabbage는 편안하고 협력적인 근무 환경을 마련하기 위해 지속해서 노력하는데, 직원들 사이에서는 웃음이 끊이지 않는다. 초과 근무에 대해 무제한으로 보상하고 1년에 6주의 안식 기간을 설정하고 있으며, 사내 명상 강좌와 현장 강의를 진행하는 등 직원 복지 혜택이 수도 없이 많다.

구인 구직 웹사이트 업체인 글래스도어Glassdoor에서는 '휴가가 중요하다'라는 캠페인을 실시하는데, 이 캠페인에 따라서 직원들은 휴가가 한꺼번에 몰리는 상황을 전혀 걱정하지 않고 자기 일정에 맞춰 휴가 기간을 정한다. 시급을 받는 직원들은 최대 3주까지 유급 휴가를 받을 수 있으며, 게다가 이틀을 플로팅 홀리데이휴가일을 주말이나 주초로 옮겨서 기존의 휴일과 합쳐서 연달아 쉬는 것·옮긴이로 사용할 수 있고, 분기별로 하루씩은 본인 선택에 따라 비영리 기관에 자원봉사를 하면서 유급 휴가를 쓸 수 있다.

루이스빌대학교 조직 발전 분야 조교수 브래드 슈크 역시 직원의 미래에 투자하는 기업일수록 더 높은 수준의 직원 몰입을 기대할 수 있다고 주장한다.

팀버레인Timberlane Inc.에서 실시하는 중요한 정책 중에 교차 훈련cross-training이 있다. 이는 직원들에게 자기 직무 이외의 다른 직무를 교육함으로써, 각 부서의 업무가 어떻게 돌아가는지 한층 잘 이해하게 만든다. 예를 들어, 사무실에서 근무하는 직원에게 정기적으로 생산 현장에서 직접 생산 작업을 하면서 시간을 보내도록 하는 방식이다.

거의 아무런 비용을 들이지 않고도 직원이 회사에 기여하게 하거나 회사 행사에 참여하도록 하는 방법은 많다. 예를 들어서 팀버레인에서는 회사 파티 시간에 콩 주머니 넣기 게임을 하고, 점수에 따라 1년에 한 번 추수 감사절 행사 때 직원들이 각자 무슨 음식을 준비할지, 또 누구와 함께 준비할지 정한다.

팀 예산의 일정 부분을 교육비로 할당하는 것도 좋다. 이 예산은 오프라인 교육비로 사용될 수도 있고 온라인 강좌 비용으로 사용될 수도 있다. 중요한 것은 팀을 교육하는 데 투자를 한다는 사실이다. 이런 기회들은 관계망을 구축하며 인간관계를 강화하는데, 사업에는 말할 것도 없고 직원들의 개인적인 활동에도 도움이 된다.

인생을 살면서 하고 싶은 일이면 무엇이든 하라. 되고 싶은 사람이면 어떤 사람이든 되어라. 가고 싶은 곳이면 어디든 가라. 지금 당장 가지고 싶은 것은 무엇이든 가져라. 당신이 어느 위치에 있든, 지금 당장 '하라, 되어라, 가라, 가져라'를 실천하기 위해서 작은 발걸음을 떼어놓는 것이 중요하다. 어떤 사람이 되고 싶은지, 어떻게 성공하고 싶은지, 무엇을 성취하고 싶은지 생각만 해서는 안 된다. 지금 당장 행동으로 실천해야 한다.

내 희망대로라면, 이 책을 내려놓고 나서 현실로 걸어 들어가는 당신은 내가 준 사랑을 마음에 담았을 테고 무척 평화로울 것이다. 그렇다. 당신은 이제 여러 가지 도구를 가지고 있다. 지식도 가지고 있다. 이제 당신의 마음을 흥분과 행복감과 기쁨으로 채워라. 기꺼이 가능성을 바라보라. 상상하는 것이 현실에서 이루어질 수 있음을 한 점 의심도 없이 믿어라.

당신이 보내는 하루하루를, 커다란 꿈을 실현하기 위해 작동하는 작은 순간들로 빠짐없이 채워라. 당신이 맞이하는 1분 1초는 어떤 식으로든 축복이다. 설령 처음에는 축복이 아닌 다른 모습을 띠고 나타나더라도 말이다. 모든 선한 것은 모든 사람을 위해서 함께 선하게 작동한다. 주변에 있는 선함을 붙잡고, 긍정적이며 이득이 되는 것을 놓치지 말라. 당신을 성공의 길로 이끌어주고 밀어줄 사람들을 주변에 모아라.

- 살기 위해 일하지 말고, 일하는 것을 즐기기 위해 살라.

체인저블

늘 하던 일만 하면,
늘 얻던 것만 얻는다.

토니 로빈스Tony Robbins

## 에필로그

•

# 이제는
# 당신이
# 달라질 차례다

나는 고등학교를 중퇴했다. 지능도 아마 당신보다 낮을 것이다. 그렇지만 언어도 모르고 문화도 모르는 나라에 무일푼으로 와서 지금처럼 성공했다. 이런 나도 인생을 바꾸었는데, 당신이라고 못할 게 있겠는가? 내가 태국 바닷가를 전전하면서 노숙을 하던 신세에서 세계에서 가장 화려한 해변 리조트들을 개발한 부동산 개발업자로 성공했는데, 다시 말해 노숙자에서 억만장자가 되었는데, 당신이 지금 원하는 바로 그 인생을 장차 만들어내지 못할 이유가 어디 있겠는가?

모든 것은 우리 마음에서 시작된다. 독자에게 이런 메시지를 전하고 싶다. 우리는 마법의 땅에 살고 있다. 우리는 이 땅을 보고, 탐구하고, 경험하고, 즐기기 위해 태어났다. 다람쥐 쳇바퀴 돌듯이 날마다 똑같이 반복되는 일상 속에서 '쥐들이 벌이는 경주'는 잊어버리고, 머릿속에 있는 생각 자체를 바꿔라. 훌훌 털고 인생을 즐겨라! 세상은 모두 당신 것이다. 지상에 펼쳐지는 놀라운 천국의 장엄한 경이로움을 바라보라. 가끔 정신은 우리가 사는 이곳을 자주 지옥으로 만들어버리며, 온갖 부정적인 생각들에 사로잡힌 채 통제를 받겠지만, 그때마다 반드시 기억해야 한다. 당신의 생각이 곧 당신은 아님을. 당신은 스스로 떠올린 온갖 아이디어를 사용해서 이 세상에서 멋진 경험을 할 수 있는 힘을 가진 정신적인 존재다.

생을 마감하는 순간이 다가오면, 자기가 번 돈이나 산 물건들, 자기가 일군 재산을 기억하지 못할 것이다. 하지만 아마도 우리는 사랑하는 사람들과 이 멋진 곳에서 경험한 모든 것들, 즉 우리가 보고, 듣고, 느낀 모든 것들을 잊지는 않으리라. 사람들은 대부분 세상을 떠나면 행복이 가득한 땅이나 저주가 가득한 또 다른 땅에 갈 것으로 생각한다. 하지만 우리는 지금 이 순간 이미 서로 다른 두 가지 땅에서 살고 있다. 이 땅에서 어떻게 살면 좋을지, 즉 행복하게 살지 불행하게 살지 이미 결정을 내렸으며, 거기에 따라서 살고 있다.

처음 이야기를 시작하며 언급했듯, 우리는 모두 저마다 어딘가의 출신이다. 당신이 그동안 자신의 출신 때문에 희망을 접고 살아왔다면, 나의 이야기를 읽고 생각이 바뀌었기를 바란다. 당신이 변화하고자 한다면, 그동안의 보잘것없던 이력은 즉시 힘을 잃고 만다. 내 사례가 그 증거다.

자기 마음의 힘으로 행복을 선택해야 한다. 생각과 행동을 바꿔라. 그러면 인생이 얼마나 아름다운지를 놀라움 속에서 깨달을 것이다. 살아 있다는 것은 우리 인간에게 가장 멋진 선물이다. 인생은 짧다. 그러니 아무래도 못 할 것 같다고 의심하지도, 지레짐작하지도 말라. 그런 생각은 절대로 해서는 안 된다. 모든 것은 마음먹기에 따라서 달라진다. 당신이 주인이 되어서 자기 마음을 통제하라. 그러면 상상보다 훨씬 더 많은 것을 경험하게 된다. 살아 있는 동안 말이다.

언제나 인생을 최대한 풍성하게 살라. 그러면 이 세상 모든 것들이 행복을 가져다준다. 손을 뻗어서 행복을 잡기만 하면 된다. 절대로 포기하지 말라. 이 책 하나로도 충분히 인생을 변화시킬 수 있다. 이 책에서 말하는 대로 믿고 꾸준하게 따라라. 부를 끌어당기는 열여덟 가지 원리를 사용하고 커다란 성공을 거두었다는 소식이 들려오리라는 생각에 벌써 마음이 설렌다. 명심하라. 당신은 바뀔 수 있다.

체인저블

●

우리는 다른 사람을
일으켜 세우면서 일어난다.

로버트 G. 잉거솔Robert G. Ingersoll

●

지은이 **안드레스 피라**Andres Pira

아시아 전역에서 주목받고 있는 사업가이자, 막대한 부를 소유한 억만장자. 10대 시절부터 방황하던 저자는 스무 살이 되던 해 결국 노숙자 생활을 하게 된다. 그렇게 길거리를 전전하던 시기, 우연히 『시크릿』을 읽게 된다. 이후 성공한 사람들이 공통적으로 가지고 있는 삶의 자세를 연구하기 시작했고, 이를 따라 생각과 습관을 바꾸었다. 그 뒤 사업가로 성공해 700억대의 자산가가 되며 인생 역전을 이루었다. 이 책 『체인저블』은 예전의 자신처럼 부자가 되는 방법을 모른 채 좌절을 겪고 있는 이들이 자신이 원하는 삶을 살기를 바라는 마음에서 쓰였다.

옮긴이 **이경식**

작가이자 번역가. 옮긴 책으로는 『문샷』, 『두 번째 산』, 『플랫폼 기업 전략』, 『댄 애리얼리 부의 감각』, 『신호와 소음』 등 120여 권이 있다. 저서로는 『1960년생 이경식』, 『나는 아버지다』, 『상인의 전쟁 1』, 『상인의 전쟁 2』, 『이건희 스토리』 등이 있다. 영화 「개같은 날의 오후」, TV 드라마 「선감도」, 연극 「동팔이의 꿈」, 오페라 「가락국기」, 음악극 「6월의 노래, 다시 광장에서」 등의 대본을 썼다.

# 체인저블

펴낸날  초판 1쇄 2020년 12월 15일
　　　　초판 2쇄 2021년 1월 15일
지은이  안드레스 피라
옮긴이  이경식
펴낸이  이주애, 홍영완
편집  문주영, 양혜영, 백은영, 장종철, 오경은, 김애리
마케팅  김태윤, 김소연, 박진희
디자인  박아형, 김주연, 기조숙
경영지원  박소현
펴낸곳  (주)윌북 출판등록 제2006-000017호 주소 10881 경기도 파주시 회동길 337-20
전자우편  willbooks@naver.com 전화 031-955-3777 팩스 031-955-3778
블로그  blog.naver.com/willbooks 포스트 post.naver.com/willbooks
페이스북  @willbooks 트위터 @onwillbooks 인스타그램 @willbooks_pub
ISBN 979-11-5581-325-6 03190